Майрбек ТАРАМОВ

Чеченский вопрос: окончательное решение

IGRULITA PRESS, USA
2010

Майрбек Тарамов: «Чеченский вопрос: окончательное решение»

(c) 1999-2010 Майрбек Тарамов

Издательство IGRULITA PRESS,
11 Central Shaft Rd. Florida. MA 01247, USA

Под прикрытием словоблудия «антитеррористическая операция» в Чечне были развернуты самые чудовищные акции по убийству мирного чеченского населения. В начале войны 21 октября 1999 года по наиболее населенным массивам города Грозный и другим населенным пунктам Чечни был нанесен удар тактическими ракетами «Земля – земля» типа «Точка У». А когда поток населения хлынул в «гуманитарные коридоры», любезно предоставленные руководством России, отчаявшиеся беженцы были хладнокровно расстреляны российской армией из различных видов вооружений.

Содержание

От издателя..	6
Предисловие автора...	10
Ракетный удар по городу Грозный и другим населенным пунктам...	14
Бомбардировка «гуманитарного коридора» 29 октября 1999 года на трассе Москва – Баку, на границе с республикой Ингушетия..	73
Расстрел «гуманитарного коридора» на Петропавловском шоссе по направлению в Дагестан.....................	95
Заключение..	133
Постскриптум...	134

Посвящается памяти Натальи Эстемировой, трагически погибшей сотрудницы ПЦ «Мемориал», записавшей многие свидетельские показания и сделавшей фотоснимки

От издателя

Эта книга состоит из исторических документов, в виде свидетельских показаний о том, как Россия варварски начала очередную войну против горной кавказской страны Чеченской Республики Ичкерия, которая незадолго до этих событий, приобрела долгожданную независимость, борьба за которую продолжалась в течение 400 лет.

События, описанные простыми людьми, потрясают особой жестокостью военных преступлений по отношению к мирному населению Ичкерии, независимость которой была провозглашена в полном соответствии с международным правом и действовавшим на тот момент законодательством СССР и РСФСР.

Эта уникальная книга, покажет читателю вид изнутри, какие ощущения испытывали мирные люди, находясь под прицелом огня на поражение российских орудий только за то, что этот народ был рад независимости своего государства...

По самым заниженным данным, на которые ссылаются даже российские власти, в ходе двух последних войн погибло под бомбами и снарядами около 250 000 населения, более 42 000 из числа которых дети. Осталось инвалидами свыше 18 тысяч человек... 300 000 покинуло страну и стали беженцами... И преступления против мирного населения продолжаются.

А в это время столице Чеченской Республики Ичкерия, Джохару, снова возвращено старое имя Грозный, как ее назвал генерал Ермолов, вошедший в историю своей жестокостью в Кавказских войнах еще при царской России, который в Чечне построил форт и назвал его «Грозный» для устрашения чеченцев. А главная улица этой столицы теперь названа именем современного убийцы чеченского народа – президента Российской Федерации Владимира Путина.

Справка от издателя:

Мало кто из общественных и политических деятелей (намеренно или нет) обращает внимание на то, что на момент распада СССР Чеченская Республика обладала таким же политическим статусом, как и все бывшие союзные республики СССР и не входила в качестве субъекта в другое государство, включая РСФСР, но везде, во всех публикациях чеченцев почему-то называют «сепаратистами», тогда как это абсолютно не соответствует действительности и фактам, а является, по крайней мере, чистой юридической безграмотностью.

Если рассмотреть путь, пройденный за короткое время чеченским народом в становлении собственного государства, то его можно разбить на этапы:

1) На основании решения-референдума ОКЧН 23-25 ноября 1990 г (Общенационального Конгресса Чеченского Народа) чеченский народ провозгласил о воссоздании собственного независимого государства.

2) Данное решение было утверждёно 27-го ноября 1990 г. Верховным Советом ЧИАССР, который преобразовал Чечено-Ингушетию в новое государственное образование союзного статуса – Чечено-Ингушская Республика и провозглашает Акт «О Государственном Суверенитете Чечено-Ингушской Республики», который был утверждён впоследствии Верховным Советом РСФСР – высшим российским законодательным и легитимным органом того времени. (См. «Ведомости ВС РСФСР – 1990, 1991 годы).

3) 11 марта 1991 г. – Верховный Совет ЧИР принял постановление об отказе от проведения российского референдума о введении поста президента РСФСР. ВС ЧИР опирался здесь на Декларацию о государственном суверенитете ЧИР от 27 ноября 1990 года, согласно которой республика являлась суверенным и независимым государством.

4) 27 октября 1991 г. – прошли выборы президента и парламента Чеченской Республики, президентом был избран Д. Дудаев.

5) 1 ноября 1991 г. – Президент ЧР Д. Дудаев издал свой первый Указ «Об объявлении суверенитета Чеченской Республики».

6) 27 ноября 1991 г. – Президент ЧР Д. Дудаев издал Указ о национализации вооружения и техники воинских частей, находящихся на территории республики.

7) 12 марта 1992 года Парламент Чеченской Республики принял собственную Конституцию независимого, суверенного, демократического государства.

8) К 8 июня 1992 г. иностранные войска покинули территорию Чеченской республики.

А современная Российская Федерация образовалась только 31 марта 1992 года путём подписания федерального договора, в подписании которого Чеченская Республика Ичкерия, уже тогда будучи независимым государством, не принимала никакого участия. Нынешняя Конституция РФ

– России принята только 12 декабря 1993 года, куда российское руководство произвольно внесло как «субъект федерации» Чеченскую Республику–Ичкерия, являвшуюся на тот момент суверенной страной.

Мы привели краткий обзор правового пути этого маленького государства, кинутого на произвол судьбы всем мировым сообществом и отданного на растерзание огромной державе, которая, используя буквально террористические методы, казнями, ковровым бомбометанием по населённым пунктам, бомбёжкой родильных домов и учебных заведений, эскадронами смерти* понуждает террором маленький народ к повиновению в колониальном рабстве, а за неповиновение вершит геноцид.

Если в первой русско-чеченской войне ценой неимоверных усилий чеченский народ смог освободить свою оккупированную страну, то начавшаяся в 1999 году вторая русско–чеченская война и оккупация Ичкерии продолжается до сих пор.

Справка из Википедии:

* «Эскадроны смерти» – это незаконные вооруженные формирования, создаваемые государством для противодействия деятельности, которой не удаётся воспрепятствовать в рамках сложившейся системы государственного права и силами официальных правоохранительных органов. Деятельность эскадронов смерти ведётся в законспирированном режиме, их связь с государственными органами отрицается как самим государством, так и их участниками. Могут использоваться как для противодействия организованной преступности, так и для убийств, похищения или запугивания тех, кто представляет реальную или мнимую опасность для правящего режима.

В качестве эскадронов смерти обычно выступают различные военизированные организации, спецподразделения армии и полиции. Члены эскадронов смерти, как правило, стремятся скрыть свою связь с правоохранительными органами.

Целями эскадронов смерти обычно являются те лица, которые представляют опасность или являются нежелательными. Это могут быть политические, религиозные и профсоюзные лидеры, журналисты, правозащитники, оппозиционеры, а так же бездомные и беспризорники, как и бизнесмены.

Термин появился в 1960-х годах в Латинской Америке, от испанского los escuadrones de la muerte. Первоначально он использовался как обобщенное название организаций «Белая рука», «Эскадрон Смерти», «Сальвадорская антикоммунистическая бригада», «Карибский легион», «Центральноамериканский антикоммунистический фронт», «Караван Смерти», «Аргентинский Антикоммунистический Альянс» («ААА»), «Белый воинственный союз» («Вооруженные силы антикоммунистического освобождения – война на истребление»), «Око за око», «Пурпурная роза», «Новая антикоммунистическая организация», а также ряда других, в большинстве своём действовавших в Гватемале и Сальвадоре.

Эскадроны смерти появились, когда в странах Латинской Америки усилилось левое революционное движение и началась гражданская война. Для противодействия повстанцам создавались негосударственные (по крайней мере, официально) вооружённые отряды, воевавшие с партизанами и подпольщиками. В организации и снабжении эскадронов ведущую роль сыграли латифундисты, против которых был направлен партизанский террор. (Историческая справка из Википедии).

Эскадроны смерти в современной Чечне

Есть все свидетельства того, что в Чечне действуют российские эскадроны смерти, созданные спецслужбами и занимающиеся физическим уничтожением лиц, по каким-то причинам неугодных российской федеральной стороне. Поступающие сообщения от журналистов и правозащитников из Чеченской Республики являют собой яркое подтверждение тому, что такие эскадроны задействованы и их преступления никогда не будут официально наказаны. Типичный пример – убийства журналисток Анны Политковской и Натальи Эстемировой, скорее всего, никогда не будет раскрыты именно потому, что они занимались расследованиями массовых преступлений эскадронов смерти, которые в масках похищали и убивали мирных жителей Ичкерии. Эта практика все еще существует в этой стране.

От автора: «Нельзя заставить замолчать правду!»

В процессе подготовки второго издания книги пришла трагическая весть из Чечни – зверски убита известная правозащитница Наталья Эстемирова...

Казалось бы, на фоне радужных отчетов о восстановлении и окончании контртеррористической операции в Чечне, хотя бы минимизируются ужасные преступления в республике. Однако реальность концлагеря «Чечня» свела на «нет» весь путинско-кадыровский агитпроп – 15 июля 2009 г. средь бела дня, прилюдно похищена, а затем убита Наталья Эстемирова, обладатель многих международных премий.

Конечно же, Путин и Ко, как то было после смерти Анны Политковской и Александра Литвиненко, заголосят – «Смерть правозащитницы не выгодна Кремлю, это бросает тень на имидж России, компрометирует Рамзана Кадырова... Тщетно! Хватит! Теперь после гибели Эстемировой подобные номера не пройдут! Не может быть и тени сомнения, что путинский заказ «блестяще» исполнил Рамзан Кадыров. И пусть так называемый президент Медведев не поручает расследование смерти известной правозащитницы Следственному Комитету – не надо пытаться увести общественность от виновников жестокого убийства! Надоело! Кремлевский зад оголился!

Не расследованные смерти Анны Политковской, Александра Литвиненко, Станислава Маркелова, других правозащитников и журналистов, беззубая реакция запада, по сути поощряющая расправы кремлевского режима над гуманитариями, позволили убийцам расправиться с ведущей правозащитницей Натальей Эстемировой. Уверен, что это убийство, как и тысячи других, не будет расследовано и убийцы не понесут никакого наказания. Ну, а Запад возмутится по-демократически, и все станет на круги своя.

Не успели высохнуть чернила этих строк, как по российским СМИ заголосили те самые предполагаемые персоны, не удосужив даже «сменить пластинку». К стройному хору защитников имиджа России присоединился так называемый уполномоченный по правам человека в Чечне Нурди Нухаджиев – тот самый омбудсмен, в офисе которого сотрудничала Наталья Эстемирова. Вместо того, чтобы стать на защиту своего сотрудника, женщины, как это сделал руководитель ПЦ «Мемориал» Олег Орлов, чеченский омбудсмен стал выгораживать свое начальство, заявив, что смерть Эстемировой наносит удар по престижу России и компрометирует «Великого восстановителя Чечни». Однако не зря Нухаджиева называют в народе уполномоченным по защите прав Рамзана Кадырова.

С большой долей уверенности можно заявить – те, кто действительно наносит удар по престижу России – это Кадыров и его силовые подразделения, похитившие и убившие Наталью Эстемирову. Откуда такая уверенность? – Ведь практически все конкуренты Рамзана Кадырова за власть в Чечне либо физически уничтожены, либо остались не удел. Кадыровцы единолично правят кровавый «бал» в Чечне, исполняя любой приказ Москвы и лично Владимира Путина. И ни одна силовая структура Чечни не осмелится действовать вопреки воле чеченского «царька», не говоря уже о совершении столь громкого преступления. Разумеется, всяким там медведевым, путиным, кадыровым, нухаджиевым разного пошиба, было бы очень выгодно свалить свою вину на какие-нибудь третьи силы, но что же поделать, коль таковых уже не осталось?

Однако, если Кремль и Лубянка со своими марионетками думают запугать честных людей, то они здорово ошибаются – на смену Анне Политковской, Александру Литвиненко, Наталье Эстемировой придут сотни и тысячи коллег, сознающих, что идет война правды с ложью, добра со злом. Напрасно путины с кадыровыми тешат себя надеждой на победу в этой схватке. Добро неистребимо, как нельзя заставить замолчать правду!

Над путиными иже с ними нависла угроза Чеченского Трибунала. Я полагаю, что одна из основных причин гибели Анны Политковской – это подготовка данного Трибунала, где она должна была стать главным обличителем Кремля в геноциде чеченского народа. Однако смерть Анны не остановила начавшийся процесс. 15 июля Общество российско-чеченской дружбы (Хельсинки) объявило о проведении презентации коллективной монографии «Международный трибунал для Чечни: правовые перспективы привлечения к индивидуальной уголовной ответственности лиц, подозреваемых в совершении военных преступлений и преступлений против человечности в ходе вооруженного конфликта в Чеченской Республике».

Наталья Эстемирова приняла знамя правды из рук Анны Политковской, прекрасно сознавая смертельную опасность встать во главе обвинения путинско-кадыровского режима. Расправа не заставила себя долго ждать. Стало очевидным, что Путин с Кадыровым расправляются со всяким, кто готов выступить против них.

Кто следующий в этом смертельном списке?

Весьма вероятно, что кровавую эстафету готов принять на себя автор этой книги, взявший на себя смелость предать огласке только малую часть ужасающих по своим масштабам и содержанию преступлений военного и политического руководства России.

Нет, я не столь отважный человек, однако мною движет лишь твердая уверенность, что огласка преступлений, содержащихся в этой книге, наконец-то остановит насилие.

Майрбек Тарамов

Чтобы прочесть книгу до конца, нужно иметь очень крепкую нервную систему и пустой желудок... Однако это стоит того! И что меня больше всего потрясло, это то, что именно во время этих событий все страны возлагали огромные надежды на дружбу с Россией, удивляясь «грубой риторике» российского президента, не отдавая себе отчета в том, на что он в действительности способен по отношению к другому суверенному государству. Честный труд, достойный хорошей экранизации.
Доктор Рон Джон, *профессор истории*

Ракетный удар по центру г. Грозный и другим населенным пунктам Чеченской республики

Вместо эпиграфа:

Премьер Путин докладывает президенту Ельцину:
Вчера наши штурмовики бомбили объекты террористов на территории Чечни.
В итоге уничтожены несколько учебных баз и складов террористов.
Ельцин: Точнее...
Путин: Две школы, институт, завод, больницы, родильный дом.
Ельцин: Неужели там все были террористы?
Путин: Так точно! В средних школах подготавливали обычных террористов, в институтах – профессиональных. В больницах террористы лечились и восстанавливали силы, на заводах – работали, а в родильных домах – рождались.
Ельцин: Ну надо же, вся республика – сплошные террористы.
Значит, правильно бомбим, понимаешь...

**Майрбек Тарамов,
газета «Кавказский Вестник»
15 октября 1999 год**

Сообщение Информационного Центра Оперативного Управления Вооруженных Сил ЧРИ

Вечером, 21 октября 1999 года, приблизительно в 17 часов, российские варвары нанесли удар ракетами класса «Земля – земля» по наиболее густонаселенным районам города Грозного: Центральный роддом, Центральный рынок, микрорайон Олимпийский, Главпочтамт, по мечети поселка Калинина во время вечернего намаза. На данный момент опознано 68 трупов в районе Центрального рынка. В поселке Калинина, мечети и микрорайоне Олимпийский разорвавшимися ракетами российского производства убито 41 и ранено 112 человек. В Центральном роддоме погибло 28 и ранено 95 человек, подавляющее большинство из которых женщины и дети.

По поступившим на этот день сведениям, в общем, в результате ракетного удара погибло 137 и ранено более 260 человек.

Руководство Чеченской Республики Ичкерия по поводу случившегося намерено сделать официальное заявление.

Газета «Кавказский Вестник» № 16,
за 1 ноября 1999 года

«В воздухе появилась труба, из нее вылетел шар, красный, как солнце на закате»
(Из свидетельств Юнусовой Малики, ПЦ «Мемориал»)

Мы с мужем торговали на Центральном рынке Грозного с 1996 года. Торговали в основном продуктами. Место было возле «биржи» (место, где меняют валюту – ред.). У меня четверо детей, в возрасте от 5 до 14 лет.

В этот день, 21 октября рано утром, как обычно, мы были на базаре. Наплыв людей был очень большой, как до войны. До этого дня обстреляли глубинными бомбами поселок Катаяма и Грозненский пост ГАИ.

18 октября я детей отправила в село Котар-Юрт. День был обычный. Муж пошел молиться домой на послеобеденную молитву. Это был четверг. Мы хотели съездить в Котар-Юрт, проведать детей в тот вечер. Муж, вернувшись с молитвы, сказал, что он немножко задремал и ему приснился умерший двоюродный брат. Испуганный муж сказал, что это к плохому. Я ответила, что вечером съездим проведать родных в Котар-Юрт, хотела его успокоить. То, что с нами может что-то случиться, мы не допускали. Муж вообще торопил меня, все время говорил: «Собирайся, поехали домой».

Я на базар носила походную печку, на бензине. Я приготовила поесть, чтобы вечером уйти сразу домой. Поели. Муж с другом отошли к «бирже», которая стояла сзади меня. Он сказал мне собираться и отошел.

Где-то в 16 часов 30 минут услышала шум, звук такой, что звенит в ушах. Я даже не испугалась. Это был не гром, неизвестно что. Потом тишина. Потом в воздухе появилась труба, и из нее вылетел шар, красный, как солнце на закате. И он разорвался на моих глазах. И сразу такой страшный грохот, как сильный гром. Я испугалась, меня оглушило. Раньше я ничего не помнила. Месяцев пять у меня была частичная потеря памяти.

Труба упала прямо на «биржу». А разорвавшийся шар, в секунду – осколки, когда базар только начал расходиться. Секунда – и люди без голов, без рук, без ног, с разорвавшимися животами. Я ничего не слышала, я только видела все это глазами. Помочь я никому не могла, моя правая рука была переломлена. Там было не до помощи. Там все подряд, проходящие, стоящие, торгующие – все лежали. Один на другого падал. Трое лежали на моем муже. Они все трое умерли, а он остался живой.

Я не слышала ни криков, ни стонов, я видела разевающиеся рты, гримасы людей. Еле-еле живые двигались, тут же падали. Я схватилась за раненую руку, отошла от стола, побежала сзади стола. Я не находила мужа, искала. Я просто искала куртку, в которую он был одет. Отошла метров на 20. Я переходила эти тела, поскользнулась, упала и каталась в этой крови. Упала, поднялась, и в пяти метрах от моего стола увидела лежащим мужа, в кожаной куртке. Я подошла, потрогала, встряхнула, он посмотрел на меня. Мы поняли, что мы живы. Мы разговаривали как немые люди, ничего не слышали оба. Он меня схватил обеими руками, с ним ничего не случилось. А те двое, которые оттолкнули моего мужа (двое мужчин и женщина), они были в кусках. Он схватил меня, у меня так болела рука. Я думала, что у меня руки уже нет. Мы бежали, не зная куда. Базар стоял на трамвайной линии. Мы жили на остановке «Заводской», за поворотом трамвайной линии. Прибежал сосед. Он бежал к рынку, узнав про это. Он встретил нас, поймал машину, а в это время осколки ракеты еще разлетались.

На остановке «Заводской» стоял желтый автобус. Меня отвезли на этой машине. Это было вечером. Не было света, а автобус шел сзади нас. Когда мы подъехали к 9-й больнице, этот автобус был полностью набит (только одна женщина, маленький мальчик и шофер, еле живой вышли оттуда), остальных потом вытаскивали, но они все были мертвы. Автобус стоял на остановке, все люди в нем были погибшие. Я видела это сама. Я о себе забыла. Этих людей вытаскивали и укладывали на ступеньки, ведущие в 9-ю больницу. В больнице все было занято – и ступеньки, и проход. Врачи 9-й больницы не знали, кого тронуть, кого взять и кому помочь. Они говорили: «Не стойте! Увозите всех! Нет свободных мест!» За полчаса люди умирали (от потери крови – ред.).

Потом меня повезли в Центральную республиканскую больницу. Туда я успела до наплыва людей. У меня вытащили осколки наживую (без наркоза – ред.). Потом пошли люди. В необходимых случаях включали свет. Я не смогла пересчитать, сколько людей там умерло.

Утром бомбили уже самолеты. Родственники приехали за мной в 6 утра. До рассвета продолжались поступления и операции. Мне сказали, что отвезут меня в Назрань, но дороги были перекрыты. Меня отвезли домой. Потом на машине меня повезли в больницу Ачхой-Мартана (прятали от постов, так как патрули проверяли. Для них все раненые были боевики и снайперы). Лечили меня в Ачхой-Мартане.

У меня была соседка с Котар-Юрта. Она торговала вместе со мной – Раиса. У нее было шестеро детей, седьмым была беременна. После бомбежки рынка она умерла.

Люди мира, на минуту встаньте!
(Из записок врача чеченской сельской больницы)

– Где моя мама? – спрашивает мальчик, останавливая меня, когда прохожу мимо на лестничной площадке.

– Ты чей, мальчик? Он отвечает на незнакомом мне языке: не русский и не чеченец, а какой нации, не знаю, да и разбираться некогда.

– Скажите, чей это мальчик, кто знает? Молчание. И чей-то голос:

– Может, женщины, которую привезли и сейчас находится в перевязочной?

Женщина в коме, много крови потеряла. Осколочное ранение плеча правой верхней конечности. Кость раздроблена, да и мягкие ткани на небольшом участке сохранились. Рука висит. Разногласия между врачами: один говорит – надо ампутировать, другой – находит пульс и решает пришить. Жалко. Женщина ведь!

В перевязочной – стол и кушетка. На столе – она. На кушетке – ее спаситель. Мужчина лет 45-ти, ранен в бедро левой нижней конечности. Истекает кровью, но просит помочь женщине, у нее дела обстоят намного серьезнее. Они – первые раненые от ракеты «СКАД» (иностранное обозначение ракет типа «Земля – земля»), которая разорвалась над Центральным рынком Грозного.

Позже выяснилось, что женщина с Азербайджана торговала на рынке, а мужчина приехал за покупками. Будучи тяжело ранен, мужчина дополз до своей машины и попросил людей положить кого-нибудь из тяжело раненных к себе в машину. Выбор пал на нее. Истекая кровью, он приехал на своем автомобиле из Грозного в село Старые Атаги, и привез раненую азербайджанку. Все это мы узнали потом. Это были первые раненые.

Не прошло 10–15 минут, как началось... Раненых не успевали заносить... Машины приезжали и уезжали. Медперсонала не хватало. Не хватало носилок, кроватей, лекарств, перевязочного материала, растворов, всего, всего... Одного врача поставили встречать машины, он заглядывал в очередную машину, выбирал тяжелораненых, а остальных отправлял дальше: в Чири-Юрт, Шатой и т. д.

Это было боевое крещение маленькой 22-коечной участковой больницы 21 октября 1999 года. Два хирурга, анестезиолог, травматолог (сидя в кресле, у себя дома, увидел этот кошмар по телевизору, и приехал из села Чишки, чтобы помочь своим коллегам), несколько сестер, санитарок, много-много людей сутками дежуривших тут и помогавших в чем могли. А сколько молодых ребят, готовых сдать кровь. Мы не успевали определить группу и резус.

Рука у азербайджанки так и не прижилась, пришлось ампутировать через месяц. А через 2–3 недели этой женщины не стало, и остались сиротами трое детей – две девочки и тот мальчик с лестничной площадки. Их забрала к себе одна семья до приезда за ними родных.

С каждым днем прибывали все новые раненые, а вместе с ними и врачи из 9-й и 4-й городских больниц Грозного, а также средний медицинский персонал. После первой ударила вторая ракета «СКАД» в районе магазина «Луч».

Затем был обстрел гуманитарного коридора с беженцами, не говоря уже о ракетно-бомбовых ударах по всему, что движется. Сколько погибло людей на местах, сколько по дороге в больницу, сколько в больнице? Не счесть. Смотришь – раненый вроде пошел на поправку, уже встает, ходит и вдруг – резкое ухудшение состояния, бред, температура и смерть. Никакие антибиотики, никакие жаропонижающие средства не помогают. Врачи разводят руками. Сколько умерло, не приходя в сознание?

Как забыть девятилетнего мальчика Батукаева, который полтора месяца пролежал с температурой 39,5-41 градусов, и не приходя в сознание, умер? И не помогли ему никакие, даже очень сильные антибиотики. Как забыть пронзительный смех и одновременно плач молодой женщины, когда на просьбу помочь ей встать, через неделю как поступила, ей сказали, что у нее ампутированы обе ноги? Оказывается, и замуж-то она вышла, как нам сказали, за несколько дней до ранения.

Как забыть красивую молодую женщину 22-25 лет с ампутированной рукой, которую после увезли в Москву, так и не сказав правду о погибших двух детях и муже? На ее вопрос «Почему не приходит муж?» – ей отвечали: «Он с детьми, да и ехать небезопасно».

Ее история такова. Решила она с семьей уехать в село к родителям, что жили в Чернорече. Не успели доехать до водохранилища, как заметили самолет. Выбежали из машины, хотели спрятаться за чем-нибудь. Муж схватил пяти и трехлетних девочку и мальчика под «крылышки» и побежал, крикнув ей, чтоб спешила... Из всех четырех осталась она одна.

Одного раненого молодого человека хотели вывезти за пределы республики, но по дороге он умер. А в ту же ночь его жена родила мальчика.

На одну восемнадцатилетнюю девушку российский «летчик-ас» не пожалел двух ракет... А случилось это так... Три подруги решили сходить за водой, к реке. Уже вернувшись, они почти дошли до ворот, над ними начал кружить самолет. Две подруги успели забежать в дом, а эта, поставив ведра, стала звать их говоря: «Идите сюда, они нам ничего не сделают». Самолет сделал два круга, а после третьего круга, когда улеглась пыль, на земле осталась лежать девушка и две воронки от ракет, слева и справа от нее. И уже в больнице не приходя в сознание, она скончалась. Сколько женщин, мужчин, детей осталось без рук и ног? Здесь, в Баку, столице Азербайджана, нет-нет, да вижу иногда наших пациентов.

Во время зачистки, в 7 часов утра, федералы забрали из палаты раненого парня, а на второй день его нашли в лесополосе, подвешенным вверх ногами к дереву с проволокой, продетой через щиколотки. Он был без глаз, ушей, со снятым скальпом, без трех ребер, с заточенными пальцами...

Помнится, многие ребята поступали к нам в больницу в бессознательном состоянии. Больница маленькая, 22-коечная, но потом, по ходу пришлось два коридора, котельную, кухню приспособить, в школе, рядом с больницей, в классах выздоравливающих раненых разместить. Как только раненый приходил в сознание, тот, кто мог садиться – совершал омовение строительным песком (ребята приносили в пакетике и ставили под кровать). А кто не мог садиться, то лежа проводил руками по стене, и таким образом сделав очищение, совершали намаз. Как и во всем, была проблема с водой, со светом. Операции делали, освещая свечами, в лучшем случае – фонариками. Был, правда, у нас генератор, но как только появлялся самолет, генератор отключали. Как только поступали новые раненые, эти ребята просили: «Пожалуйста, если есть у нас нужные лекарства, берите, только спасите этих людей».

А если приходилось им умирать, то эти молодые парни умирали достойно. Достаточно было прислушаться к шевелению их губ, и можно было услышать не мольбы о помощи, а аяты и суры из Корана. Пусть Аллах примет их газават!

Это – грязная война, мы все это знаем. Идет истребление, геноцид чеченского народа. Ребята, которые воюют, не бандиты и не террористы – это наши братья, сыновья, и воюют они за нашу землю. А если проводить контртеррористическую операцию, то надо начать с Кремля.

Тактические ракеты «Земля – земля» типа «Точка–У», предназначавшиеся для империалистов Запада, ударили 21 октября 1999 года по «своим» гражданам

Вертикальные стойки, оставшиеся от ларьков и навесов, указывают на то, что взрыв ракеты произошел в воздухе, над территорией Центрального рынка

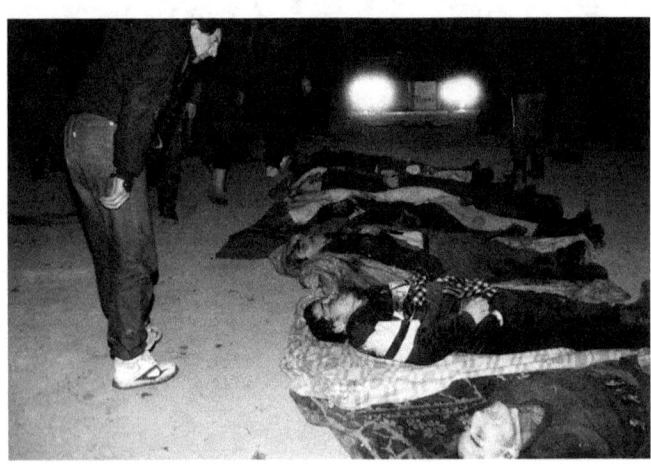

Люди, погибшие при ракетном обстреле Центрального рынка в Грозном
(Photo Credit by Natalia Medvedeva © MELNIKOFF Galleries Network)

Ракетоноситель «Земля – земля» с инвентарным № 9М79/Ш84445, упавший в центре города Аргун, свидетелями чему оказались сотни людей

Маркировка ракетоносителя (на кириллице), упавшего в центре города Аргун, на улице Карла Маркса, 23.10.99 года, в пять часов утра

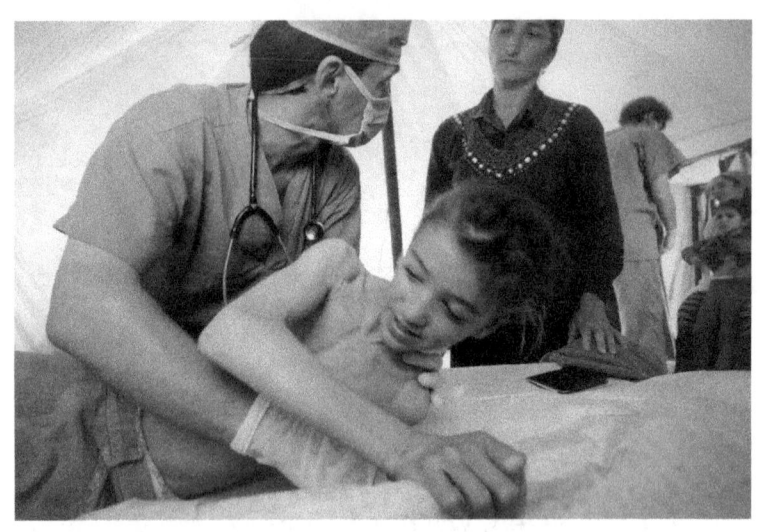

Девочка, лишившаяся руки в результате взрыва ракеты над Центральным рынком Грозного 21.10.99
(Photo Credit by Natalia Medvedeva © MELNIKOFF Galleries Network)

Раиса Хамзаева, лишившаяся левой руки и левого глаза в результате взрыва ракеты «Земля – Земля» над Центральным рынком Грозного 21.10.99

При ковровой бомбардировке села Элистанжи
7 октября 1999 года погибло более 30 человек,
большинство из которых дети

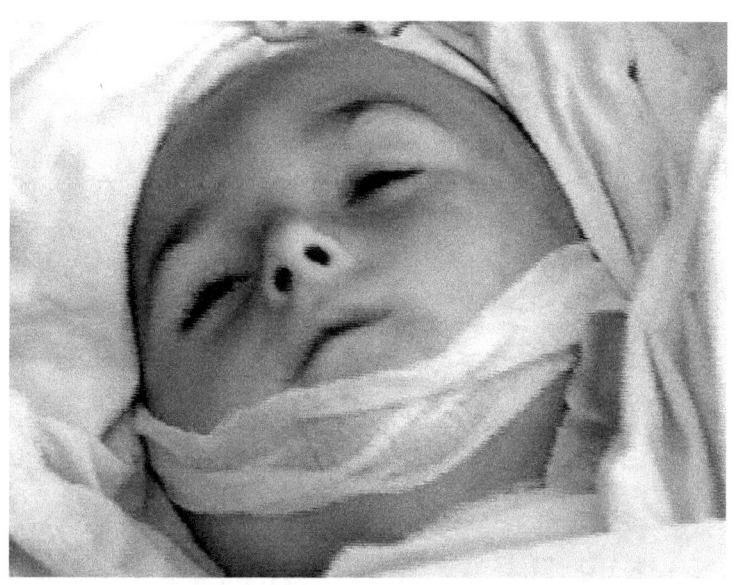

Четырехлетний «террорист» Хамзатов Адам – жертва
российского преступления века.
Село Элистанжи, 7 октября 1999 года

Вид автобуса, в котором находились беженцы «гуманитарного коридора», прошитый зажигательным танковым снарядом

Транспорт с беженцами расстреливался в упор из всех видов российского вооружения, хотя отчётливо видны свисающие белые «флаги» из простыней

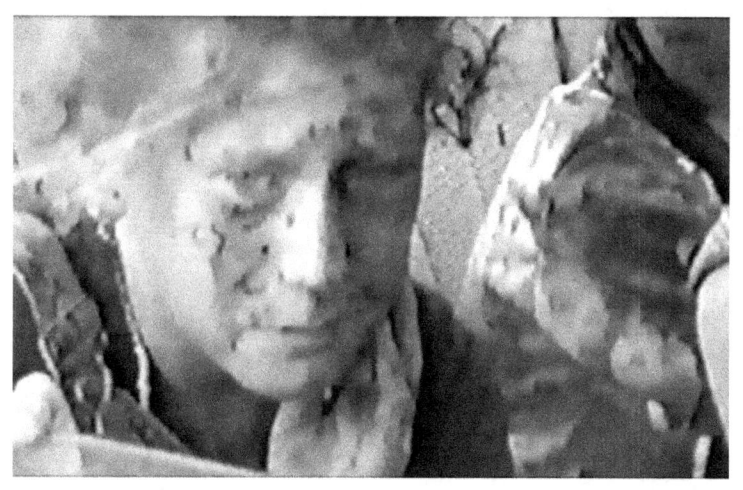

Дети – наиболее уязвимые жертвы. После обстрела «гуманитарного коридора» 29 октября 1999 года

Таким запомнили чеченские дети самый страшный день своей жизни – расстрел «гуманитарного» коридора

В мире много разных партий и организаций по защите тех или иных животных. Некоторые животные занесены в Красную Книгу. Хочу спросить у мирового сообщества: «Если, по вашему суждению, мы, чеченцы – звери, то сколько нас должно остаться, чтобы на нас обратили внимание и занесли в Красную Книгу?».

Люди, проснитесь! Завтра может быть поздно! Следующими можете быть вы...

Раненые звали меня Йиша (сестра). Так и подпишусь: **Роза Йиша.**

Газета «Кавказский Вестник», записал М. Тарамов

Оставьте меня, дайте умереть!
(Свидетельства Гиреева Зелимхана о ракетном ударе по Грозненскому рынку 21 октября 1999 года записала Мусаева)

После бомбежек 12-го и 56-го участков люди начали уезжать из Грозного. Почти каждый день над городом летали самолеты, но не всегда бомбили. Город пустел, 70% наших соседей эвакуировались.

21 октября я, брат и знакомый поехали на Центральный рынок запастись продуктами. Это было около 4 часа 30 минут на машине марки «Жигули».

Людей, как в мирное время, на базаре было много. Асламбек сразу пошел в сторону рыбных рядов. Я шел по другим рядам и услышал взрывы, один за другим прозвучало четыре очень сильных взрыва. Я повернулся на взрыв и ощутил сильный свист в правом ухе. Я этот свист ощущал потом около недели. Позже, ухаживая за братом, я иногда засыпал у его постели, и этот свист будил меня. Одновременно сотни осколков зарикошетили вокруг. Я вспомнил о брате и побежал к нему. Кругом кричали и плакали женщины, везде раненые, оторванные руки и ноги, кровь. Я видел труп человека, которому снарядом оторвало голову. Тело лежало отдельно, голова отдельно. Мне кажется, люди не понимали, что с ними произошло. Некоторые раненые с разорванными конечностями стояли с каким-то странно-спокойным видом. Некоторые были без сознания.

Мне было не очень страшно, хотя в ту войну я был мальчишкой, но многого насмотрелся. У вещевых лотков стоял мой брат. Левую руку, точнее то, что от нее осталось, он держал в правой руке. Он был весь в крови. Шея и лицо обгоревшие, с ободранными кусочками кожи. На левом виске открытая рана. На лице не было ни миллиметра нормального цвета кожи, все лицо в ранках. Кусок нижней губы оторван, в оба глаза попали осколки. Я его схватил на руки, сказал ему, что это я (он уже ничего не видел) и побежал к машине через куски шифера и дерева, залитых кровью. Мы повезли Асламбека в девятую больницу. По дороге он сказал: «Не мучайте себя и меня, оставьте меня, дайте мне умереть». Он уже понял, что ослеп. Он не стонал, в какой-то момент сказал, что устал, и попросил меня подержать его раненую руку. А потом освободившейся здоровой рукой прислонил мою голову к своему плечу. Наверное, так ему было легче.

В девятой больнице врачи даже не стали ничего спрашивать, сразу обработали раздробленную кость, вытащили осколки из плеча, зашили раны на лице. Когда мы уже перенесли Асламбека из операционной в палату, к больнице стали подходить машины и автобус, наполненные ранеными людьми.

За что мне такая участь?
(Записано сотрудниками Общества узников фильтрационных лагерей в июле 2000 г. со слов пострадавшей Саламовой Макки, проживавшей в городе Грозный, 4 микрорайон)

У нас с мужем было 8 детей: 7 девочек и восьмой долгожданный сын. Имя ему дали Денис, а между собой звали его Дени. С первой войны мы жили в России, там и родился Денис. Только весной 1999 года, в мае, мы приехали домой, купив в Грозном квартиру. Но не успели толком обосноваться, как грянула война. Амин, мой муж, в это время уже работал на заводе «Красный молот». И почти всегда брал с собой Дениса. Но уже с сентября люди стали покидать город, уезжая, кто в села, кто и в Ингушетию, а мы в числе немногих еще жили в Грозном, хотя не было уже ни света, ни газа. В этот день, как обычно, Амин взял Дениса с собой на работу, и предупредил, что с работы они заедут на рынок за продуктами.

Это было 21 октября, до этого дня жизнь в Грозном была хоть и тревожная, но без обстрелов. К пяти часам вечера раздался страшный взрыв, который потряс весь микрорайон. Мы даже не поняли, что произошло. Все сбежались во двор дома, но взрыв больше не повторился. Минут через двадцать мы узнали, что в поселке Калинина взорвалась какая-то ракета и погибло несколько человек. Шло время, но моих мужчин все еще не было, и на душе у меня было муторно. Мы еще были во дворе, когда стали приходить первые вести с Центрального рынка. Это были очень страшные слухи о том, что над рынком разорвалась какая-то невиданная до сих пор ракета и унесла сотни жизней мирных людей, не подозревавших ни о чем. У меня отнялись ноги, и я присела на скамейку, поддержанная соседкой. Взяв себя в руки, я попросила соседа поехать со мной на рынок, ведь Амин должен был быть там, раз его до сих пор нет дома. Он сразу согласился, и мы, попросив Раису присмотреть за девочками, уехали на рынок. То, что мы там увидели не передать словами. Я бегала среди разорванных тел и искореженных машин, разыскивая своих мужчин. Сосед мой старался не отставать от меня, не оставлять меня одну, но это было невозможно. Кругом царила страшная паника, это был настоящий хаос.

Зия, так звали соседа, первый нашел нашу машину, т.е. то, что осталось от нее и от моих дорогих мужчин. Он не хотел подпускать меня к машине, но я кинулась к ним с криком отчаяния и горя, оттолкнув соседа. Представьте себе: у обоих были оторваны руки и множественные осколочные ранения. У Дениса снесло левую часть головы, а у Амина – разорвана вся правая часть туловища. Осколок или снаряд, как видно, попал прямо между ними. Они, наверное, и не поняли, что произошло. Зия, да возблагодарит его Всевышний, помог мне привезти домой их останки.

На следующий день мы увезли и похоронили их в селе. И не стало больше в нашем доме мужчин. Хотя бы Денис остался живым. Мы так долго ждали его с мужем, ведь он был продолжателем рода. Но видно, так Богу угодно было. Всего лишь 2 года он и пожил.

После выяснилось, что это были тактические ракеты класса «Земля – земля» (так сказал Аслан Масхадов), которые, взрываясь, выпускали шесть малых ракет. А они взрывались еще в воздухе, не долетая до земли, значит, поражали как можно больше людей, оказавшихся в радиусе действия ракеты.

Так неужели же, направлявшие этот удар военные не знали, что поразят граждан города: и женщин, и детей, и стариков? Никогда не поверю в это. Но, что им до того, поверю я или нет! У них свои замыслы, и как очевидно, уничтожить побольше людей.

Но, за что мне такая участь? Как мне прокормить моих девочек? И что нас ожидает в будущем?

Свидетельствует Хава Усманова, 28 лет, родом из Ачхой-Мартановского района.
(записал Сиддик Билто, Чеченпресс, 20.10.03 г.)

У неё трое детей: двое мальчиков в возрасте 4-6 лет и полуторагодовалая девочка. Эта женщина выглядит старше своего возраста, у неё утомленное лицо, по её глазам кажется, что она выплакала все слёзы. В доме, где мы находимся, присутствовали ещё несколько человек. Еле сдерживая слёзы, она начала рассказывать:

«У меня было трое близких людей, которые заботились и оберегали меня. Моя мать, её звали Марет, погибла в начале войны 1999 года во время ракетного обстрела Центрального Рынка. Она торговала продуктами.

После того, как похоронили мать, мы с мужем решили уехать в Ингушетию. Я уговорила Салмана, своего единственного 16-летнего брата, поехать с нами. Еле устроились в одном из палаточных городков Ингушетии. Мой брат время от времени ездил в Ачхой-Мартан к нашей двоюродной тёте, гостил несколько дней и возвращался. В 2003 г., в июле, Салман в очередной раз поехал к тёте и не вернулся».

Отправившись за ним, Хава узнала, что брата задержали во время «зачистки» и забрали русские оккупанты. Несколько месяцев женщина безуспешно искала брата, ходила в комендатуру, прокуратуру и ряд других оккупационных структур и организаций. В конце концов, ей подсказали, что есть некий ФСБэшник Алихан, который за деньги ищет пропавших таким образом людей. Денег, естественно, у Хавы и её супруга не было, и они решили продать свой автомобиль «Жигули». Магомед на следующий день, 10 сентября 2003 г., отправился на Урус-Мартановский авторынок. Прошло два дня, но он не возвращался. Хава отправилась искать мужа. На рынке она узнала, что Магомед продал автомашину за 900 долларов. Она искала его практически везде, где бы он мог быть.

Неделю спустя люди нашли обезглавленное тело молодого человека. По личным вещам узнали, что это был Магомед. Впоследствии выяснилось, что его задержал выдвижной (маневренный – ред.) блокпост российских наемников между Урус-Мартаном и Ачхой-Мартаном.

Женщина рассказывала свою историю, у неё катились слёзы по лицу. Она говорила, долго описывая некоторые детали в подробностях. Ей это было нужно, чтобы люди выслушали её боль. Закончила она свой рассказ словами: «Я не знаю, как сложится моя жизнь дальше, но каждый раз, как совершаю намаз, я молю Бога, чтобы он проклял эту сатанинскую русскую армию и их чеченских прихвостней, которые хуже своих хозяев!».

Она говорила это, вкладывая в сказанные слова всю свою боль и ненависть. Находящиеся с нами в комнате подсказали, что сейчас как раз время новостей, мы включили телевизор. Показывали саммит ОИК (Организация Исламской Конференции) в Малайзии, выступал президент России Путин. Он благодарил ОИК за то, что они прислали своих наблюдателей в Чечню на «Выборы президента» и за приглашения его на саммит. Так же он заверил присутствующих, что российские мусульмане являются неотъемлемой и полноценной частью российского общества. После его речи делегаты ОИК бурно аплодировали Путину.

Хава с недоумением спросила меня: «Ты – журналист, ответь мне на вопрос. Почему организация, называющаяся себя Исламской Конференцией, аплодирует человеку, по приказу которого были убиты десятки тысяч ни в чём не повинных мусульманских женщин, детей и стариков?» Честно сказать, этот вопрос заставил меня задуматься. Первое оправдание, которое мне пришло в голову – сказать, что это политика, дипломатия.

Я не смог найти оправдания этим мусульманам, аплодирующим убийце чеченцев, и ответил, что не знаю, почему они так делают... Да и действительно я не знал, что ей ответить. Я был и сам шокирован тем, что дают исламскую трибуну кровожадному лидеру самого кровожадного государства, на совести которого сотни тысяч убитых мусульман.

Теперь чеченцами стали торговать в открытую, без ширмы, и без красивых слов... Слава Всевышнему Создателю, который воздаст каждому за хорошее и плохое деяние, пусть оно будет даже величиной в пылинку! А нам из этого следует извлечь ещё один урок: чеченцам нужно полагаться только на Всевышнего Создателя и самих себя. Нам просто необходима консолидация всего чеченского народа, что неминуемо приведёт нас к успеху, то есть освобождению нашей земли от оккупации и укреплению Чеченского государства.

А то, что некоторые лицемерные «друзья» сбросили маски, нам только на пользу. Меньше останется иллюзий относительно этого циничного, жестокого, эгоистичного мира, в котором народами, в том числе и мусульманскими, управляют продажные политиканы.

Тактическими ракетами по гражданам Чечни!
(Свидетельские показания пострадавшей Раисы Хамзаевой, записал Майрбек Тарамов)

21 октября 1999 года произошло событие, от которого мир должен был содрогнуться. По ничего не подозревающим мирным жителям Чеченской столицы был нанесен удар российскими тактическими ракетами класса «Земля-Земля».

В тот злополучный день я, Хамзаева Раиса, находилась на Центральном рынке Грозного, торговала мясом. Ближе к вечеру, когда все люди, которые торгуют, покупают, работают на рынке, собрались домой, купив еду на ужин, над территорией центрального рынка после внезапной яркой вспышки что-то взорвалось. Это, как позже мы узнали, были нанесены удары ракетами с разделяющимися головками. Таким же ударам подвергся Центральный Роддом на улице Красных Фронтовиков, центральная мечеть недалеко от базара, а также мечеть в поселке Калинина, где мужчины собрались на вечерний намаз.

Почти 90% людей, которые находились на территории рынка и в мечетях, были искалечены или убиты. Новорожденные дети и их матери с разорванными телами и оторванными головами, которых взрывом разбросало в разные стороны, лежали бездыханно на улицах и в руинах Центрального роддома.

Я чудом осталась жива, но мне в этот вечер полностью от плеча до кисти раздробило левую руку, выбило глаз, и осколками, насквозь через спину, разорвало живот.

В то время у нас, в Грозном, в связи с военным положением были отключены газ, свет и отсутствовала вода. Больницы автоматически перестали функционировать. Врачи могли оказать только первую помощь: колоть обезболивающие средства или перевязать легкую рану. Поэтому почти все люди, доставленные с рынка, мечетей и роддома умерли в основном от потери крови. Мне можно сказать повезло, благодаря хирургу из госпиталя, который оказался моим родственником. Так я осталась жива. Доктор из своей вены брал кровь, которая по группе совпала с моей, и переливал в мою вену. Потом ему удалось раздобыть где-то генератор электрического света, и он оперировал меня в течение восьми часов.

На третий день, после операции, которая прошла удачно, мы с родственниками попытались выехать из Грозного в Ингушетию, так как боялись оказаться в блокаде российских войск, которые окружали город. Но машину скорой помощи, в которой я находилась в тяжелом состоянии, даже не пропустили на пропускном посту «Кавказ» на границе Чечни и Ингушетии. Нас продержали там двое суток. Через каждые два часа медсестра, которая нас сопровождала, меня колола траммалом и реланиумом. От этих уколов я становилась «деревянной».

Нам ничего не оставалось делать, как вернуться назад. Мы возвратились обратно в госпиталь, который уже начали бомбить российские самолеты. В подвале госпиталя находилось очень много раненых. Медикаменты и перевязочные материалы закончились, а людей лечить уже было нечем. Тогда решено было передислоцировать госпиталь со всем медицинским персоналом и ранеными.

Меня пытались отправить на другой машине в Дагестан, но целый месяц мы петляли по периметру Грозного, так как не могли выехать из-под шквального огня, который наносился на маленькую Чечню. Было такое впечатление, будто каждый квадрат нашей земли обильно поливают огнем и свинцом разного калибра. Ну, в общем, мои раны без перевязок и лечения стали гнить, и надо было держаться подальше от моего зловонного тела.

Наконец-то мы смогли попасть на границу с Дагестаном, но никто уже не хотел связываться со мной, наверное, из-за запаха гнили. Мы, уплатив мзду по тысяче рублей на посту Герзель, въехали в Дагестан. Всюду меня сопровождала моя сестра.

В Дагестане мне повезло, потому что моя мать родом из Хасавьюрта. По знакомству меня положили в больницу и предоставили место, в то время как чеченцам категорически было запрещено пересекать границу Дагестана. В больнице я пролежала пять месяцев, а затем еще три месяца у родственников в Хасавьюрте. Мое лечение, лекарства и прочие расходы взяли на себя мои родственники.

После долгого лежания и лечения в течение девяти месяцев я, наконец, впервые встала, хотя была сильная слабость и головокружение, а затем смогла уже ходить. Пожив еще немного в Дагестане, я приехала в Баку – столицу Азербайджана, где перенесла еще три операции. Хотя у меня ампутирована левая рука и удален левый глаз, я не отчаивалась, и видимо, поэтому находилась в бодром состоянии.

Будучи в больнице города Баку, я неоднократно слышала из российских СМИ о недовольстве руководства России, что в Азербайджане якобы лечат чеченских боевиков. Я, простая жительница Чечни, крайне возмущена этими бесстыдными заявлениями российских убийц, варваров в человечьем обличии. Куда девается совесть у этих нелюдей, да и есть ли она у них вообще? Я – мирный человек, женщина, по вине этих варваров столько перенесла, потеряла руку, глаз, столько выстрадала, а они еще смеют делать какие-то заявления, да еще после такого невиданного злодеяния, которого мир не видел.

А кто сказал, что воинов, защищающих свое отечество, нельзя лечить? Нет такого документа в международной практике! Все это русские сами придумали. Да чеченские воины в тысячу раз лучше российских нелюдей, уничтожающих всех подряд: женщин, детей, стариков. Об этом народоубийстве я могу свидетельствовать перед кем угодно и когда угодно, перед любым судом, потому что я не только свидетель произошедшего массового убийства, но и пострадавшая. В день моего ранения было убито около трехсот человек – только из тех, которых я знала на рынке. А сколько незнакомых?

Впоследствии я узнала, что грозненский госпиталь, где я находилась после ранения, почти в полном составе попал в тюрьму «Чернокозово». Случилось это так. После того, как чеченское командование дало приказ оставить город, при выезде из Грозного, в Алхан-Кале, весь персонал госпиталя с ранеными был окружен и схвачен российскими войсками. Всех врачей, раненых, истекающих кровью и еле живых, под конвоем повезли в Наурский район и заключили в лагерь. В «Чернокозово» всех раненых и практически весь медицинский персонал во главе с министром здравоохранения Чеченской Республики Умаром Хамбиевым в течении пяти месяцев избивали, пытали, травили собаками, унижали. Женщины, в том числе раненые, которые были с ними, перенесли самые мучительные пытки, плюс к этому их еще и насиловали.

Когда я об этом думаю, мне становится не по себе, и я мучаюсь от того, что я могла там с ними оказаться. Я не знаю, что со мной могло бы произойти в Чернокозово, но по всей видимости, я бы умерла, так как в моем состоянии тюрьму невозможно было перенести.

Но Аллах миловал, и я осталась жива, хотя и калека. Так что будем жить...

Из радиопередачи «Война и мирное население»
(Андрей Бабицкий, Радио «Свобода», 25–03–03)

Что касается правил игры, по которым велись военные действия в начале второй, наиболее кровопролитной чеченской кампании, я должен сказать, что российская сторона пыталась устанавливать эти правила. Я помню, что когда попала часть оперативно-тактической ракеты на Центральный рынок Грозного и было убито колоссальное количество людей, колоссальное количество ранено, мне рассказывали российские офицеры, что приезжала специальная комиссия из Москвы во Владикавказ и пыталась выяснить, что произошло.

Но, я думаю, что эта колоссальная армейская группировка, численностью около ста тысяч человек, она очень плохо управляема. И, скажем, когда объявлялись гуманитарные коридоры для того, чтобы люди могли покинуть тот или иной угрожаемый населенный пункт, куда собирались зайти российские подразделения или который готовился к бомбежке, этот гуманитарный коридор мог работать, а мог и не работать.

Артиллерийские и ракетные обстрелы
(Правозащитный Центр "Мемориал" Рязань, выпуск № 45 от 10 ноября 1999 года
http://www.hro.org/war/v16.htm)

Продолжается артиллерийский обстрел Грозного и Гудермеса, где разрушены десятки домов. Как сообщает корреспондент Радио Свобода из Чечни, вчера ночью по Веденскому ущелью были выпущены оперативно-тактические ракеты с кассетными зарядами «Земля – земля». Сегодня утром четыре ракеты были выпущены в сторону Чечни с территории Северной Осетии. Свидетелями ракетного обстрела стали корреспонденты Радио Свобода, находящиеся во Владикавказе.

По данным корреспондентов, в больницы городов Шали, Аргун и Урус-Мартан доставляют множество раненых. Большинству из них невозможно помочь из-за отсутствия медикаментов, электричества и отопления.

Применение спецоружия российскими агрессорами

Министр здравоохранения ЧРИ Умар Хамбиев провел анализ результатов применения российскими агрессорами спецоружия и боеприпасов на территории ЧРИ. Ценность этого анализа в том, что Хамбиев непосредственно наблюдал и лечил пораженных этим оружием людей, находясь на территории ЧРИ.

Помимо обычного оружия, российские вооруженные силы применили в населенных зонах Чечни оружие массового уничтожения, использование которого запрещено Женевскими соглашениями.

Оперативно-тактические ракеты «Земля – земля»:

Они взрывались в воздухе, осыпая огромное количество остроугольных квадратных осколков по очень обширному периметру, порождая множество жертв среди мирного населения, не имеющего ни средств, ни навыков защиты. Осколки наносят колоссальные повреждения тканям человеческого организма. Раненые погибают на месте от травматического шока в считанные минуты после травмы. Это связано с особым видом осколков, имеющих форму «кирпичика». Их размеры 4х4х2 см., края острые, шероховатые.

Такие осколки образовывали в тканях организма большой дефект. Острые, шероховатые края осколков разрывали ткани, переламывали костную ткань, а мелкие куски, попадая, например, в печень или в почку, разрывали целый орган.

Травматическая ампутация – это характерный исход от попадания такого осколка в конечность. Рана грудной клетки от этого осколка выглядела так, как будто «крыса прошла сквозь грудную клетку, съедая и разбрасывая ткани». Несмотря на огромное количество черепно-мозговых травм, (ракета взрывалась в воздухе над головами стоящих или идущих людей), количество доставленных в стационар раненых в голову, составило всего 0,6%, остальные погибли на месте.

Традиционное соотношение между ранеными и убитыми – четыре к одному от применения обычного оружия. В случае же ракетного удара соотношение достигает двух убитых на одного раненого.

21 октября 1999 года удар ракетами «Земля – земля» по территории Центрального рынка г. Грозный, родильного дома № 1, автовокзала и мечети привел к такому количеству жертв среди мирного населения – более 400 погибших и около 200 человек раненых.

Таким образом, число убитых вдвое превышало число раненых. Можно приводить и другие примеры столь же пагубных последствий применения этого вида оружия против мирного населения. Позже, когда шли позиционные бои в городе Грозный, поражающая эффективность ракет «Земля – земля» против защитников города, находящихся в укрытиях, равнялась нулю, несмотря на её массовое применение противником. Эти обстоятельства позволили чеченским военным назвать ее «Базарной ракетой».

Неизбирательное применение силы федеральными войсками в ходе вооруженного конфликта в Чечне
**Ракетный обстрел Грозного 21 октября 1999 года
(Из передачи «Радио России», 31 октября 1999 г.)**

21 октября 1999 г. в некоторых районах Грозного прогремели взрывы. Один из них произошел на Центральном рынке среди прилавков, где идет торговля кожаной одеждой и продуктами питания. В телевизионных репортажах на следующий день были показаны разрушения на рынке и деформированные металлические обломки. По словам очевидцев, это были остатки ракет «Земля – земля».

По сообщению корреспондента Радио «Свобода», один из взрывов произошел во дворе Родильного Дома. Погибли 13 рожениц, 15 новорожденных, а также 7 человек, ожидавших автобуса на остановке. Среди них была жительница Грозного Наталия Эстемирова.

Н. ЭСТЕМИРОВА

Минут 20 пятого по местному времени, то есть 20 минут шестого по Москве, я закончила монтаж на телевидении. Было светло, когда я села в автобус. Вслед за мной село еще несколько человек, так что нас в автобусе было человек семь. Я видела, как дорогу переходили (это было последнее, что я видела) трое девушек и молодой парень. Потом я не помню: слышала я взрыв или нет, но я помню, что от здания Роддома на нас понеслось страшное бурое облако. И мы все бросились из автобуса к развалинам дома, который стоял рядом. Но здание это очень прочное, старое, кирпичной кладки. Впереди меня бежала одна женщина и мужчина. Вдруг он споткнулся и упал. Мы забежали, где развалины, и потом были еще взрывы.

Я потом уже поняла, что по мне были, видимо, удары осколков кирпичей, и увидела царапины на руке. Это, видимо, тогда произошло. И как только мы туда заскочили, туда занесли девочку лет 12, у которой было очень много касательных ранений.

Наутро я должна была уезжать в Назрань: у меня была договоренность с моим знакомым, что его водитель меня отвезет на автостанцию. Он рассказал, что они до 12 ночи возили раненых в 9-ю больницу. Они насчитали 75 трупов и около 150 раненых. Я его спросила: в военной форме были среди них? Он сказал: «Я не думаю, потому что это были женщины в основном и дети».

От него я узнала, что ракеты ударили еще и в поселке Калинина. Это часть Грозного. Причем, что самое подлое, это такая мирная часть Грозного, куда во время обстрелов, например, в августе] 1996 года, когда была сильнейшая бомбежка, там выходили беженцы, именно в поселок Калинина. И три дня мы пережидали там. Он, правда, тогда тоже обстреливался, но не до такой степени. Так вот он говорил: оттуда привезли пятерых очень тяжело раненых детей, которые пошли за водой. Вот в этот момент они и попали под обстрел.

ВЕДУЩАЯ:

По словам заведующего отделением реанимации 9-й городской больницы города Грозного, только туда, именно в реанимацию, поступило 70 человек раненых.

На следующий день начальник оперативного управления чеченских вооруженных сил Мумади САЙДАЕВ говорил о 137 погибших и свыше 250 раненых. По его словам, взрывы произошли на рынке, возле бывшего почтамта, близ резиденции МАСХАДОВА, и в поселке Калинина в Ленинском районе, а за несколько секунд до взрывов над Терским хребтом, севернее Грозного, были видны яркие вспышки, озарившие небо.

Комментарии должностных лиц РФ

В течение дня 22 октября должностные лица разного ранга дали к происшедшему накануне, как минимум, пять существенно различных комментариев.

Руководитель Российского информационного центра Александр МИХАЙЛОВ в интервью утренней программе «Новостей» телеканала НТВ заявил, что ни одного боевого вылета на Грозный самолеты федеральных сил накануне не совершали, не применялись и тактические ракеты «Земля – земля». МИХАЙЛОВ не исключил, что взрыв в Грозном стал результатом теракта, подготовленного самими боевиками.

Руководитель Центра Общественных Связей ФСБ Александр ЗДАНОВИЧ в интервью на «Радио России» заявил, что Федеральная Служба Безопасности РФ не имеет отношения к взрывам в центре Грозного, в том числе, на Городском рынке, заметив, однако, что у ФСБ «имелись данные о том, что на рынке складировалось оружие, боеприпасы, взрывчатые вещества. Более того, боевики, считая, что по скоплению людей не будет нанесен удар ни авиацией, ни артиллерией, складировали там большое количество боеприпасов. Поэтому мы не исключаем, что мог произойти самопроизвольный подрыв боеприпасов, приведший к гибели людей».

На пресс-конференции в Хельсинки Председатель Правительства РФ Владимир ПУТИН сказал:

– Могу подтвердить, что, действительно, имел место какой-то взрыв в Грозном на рынке. Но хочу обратить внимание представителей прессы на то, что имеется в виду не просто рынок в общепринятом смысле этого слова, имеется в виду рынок вооружений. Так это место в Грозном называется. Это база оружия, склад оружия. И это место – один из штабов бандформирований. Мы не исключаем, что взрыв, который там произошел, является результатом столкновений между противоборствующими группировками.

Наконец начальник Организационно-мобилизационного управления Генштаба РФ генерал-полковник ПУТИЛИН заявил:

– Никакие удары в это время по Грозному не наносились, и вооруженные силы к этому делу не причастны. В связи с тем, что Грозный в настоящее время не контролируется Вооруженными Силами России, подтвердить объективность первого заявления, которое было сделано, объективной возможности пока не представляется.

Командующий группировкой войск «Запад» генерал-майор Владимир Шаманов в прямом эфире программы «Глас народа» на вопросы корреспондентов, что же произошло в Грозном 21 октября, ответил так.

ШАМАНОВ:
— У нас принципиальная установка, и мы жестко договариваемся: мы по населенным пунктам огневое поражение не наносим.

Второе. Исходя из объективного контроля, отдельные удары наносятся в основном авиацией по заранее разведанным и, как минимум, из трех источников подтвержденным целям. Поэтому я ответственно заявляю, что сегодня те удары, которые наносятся, наносятся по объектам боевиков.

Я скажу достоверно, как происходило это событие. Я в это время отдыхал. Ко мне постучался начальник радиоэлектронной борьбы и говорит: «Товарищ командующий, большой радиоперехват в северных направлениях Грозного». Я сразу прибываю в центр радиоперехвата, где шли перехваты о том, что полевой командир убит, брат полевого командира ранен, требуется срочная помощь. В общем, работало порядка 40–50 корреспондентов. Чувствовалась большая паника, чувствовалось, что удар был нанесен настолько точно, что противник, террорист, находился в растерянности, причем в мощнейшей. Но это могли быть ракетные удары, примененные авиацией или сухопутными войсками, или высокоточным оружием.

ВЕДУЩАЯ:
— А вот, что говорит журналистка из Грозного, очевидец событий Наталья Эстемирова.

ЭСТЕМИРОВА:
— Когда мы говорили с людьми, было ясно, что ведется война не с террористами, не с «ваххабитами», а с мирным населением. Я, например, вижу в этом то, что войну против террористов превращают в войну народную. И мы собрали массу свидетельств этому.

Люди рассказывают так. К ним приехал брат Шамиля Басаева (это было 6 октября) и потребовал, чтобы ему дали 20 парней в отряд. Мусульманский судья и старики отказали. Они сказали: «Мы не хотим туда идти, наши ребята не хотят туда идти». Он ушел, а на следующий день их бомбили.

Из Замай-Юрта рассказывали так. Проходили утром боевики, они проходили через село часов в пять, а потом весь день кружили самолеты. А люди уже привыкли к ним, выходили и просто «глазели». И вот вдруг самолеты ударили совершенно неожиданно для людей. В Замай-Юрте, в центре села, молодежь собралась, вот по ним-то и ударили. Это были люди, которые не собирались воевать.

ВЕДУЩАЯ:

— Таким образом, высшие должностные лица РФ и руководство Генштаба не только лгали, пытаясь скрыть причины взрывов в Грозном, но и несут прямую ответственность за массовую гибель гражданского населения.

Нам говорят, что сейчас армия другая, не та, что воевала в Чечне в 94-96 годах. Об этом я беседую с лидером фракции «Яблоко» Григорием Явлинским.

ВЕДУЩАЯ:

— У меня такой вопрос по поводу Вашего выступления на телевидении. Вы сказали, что армия у нас такая, какая есть, и она сейчас требует, безусловно, поддержки. Это так?

ЯВЛИНСКИЙ:

— Смысл моих слов заключался в том, что наша армия никогда не готовилась к подобного рода операциям. События 1994-1996 годов показали, что наша армия не готова воевать в таких условиях и решать такие военные задачи. Кроме того, правительство не находит нужным до сих пор принять соответствующие законодательные решения, которые бы поставили армию в легальное положение. (Согласно российскому законодательству приказ президента РФ о применении войск должен ратифицироваться Государственной Думой. Чего не произошло в действительности. Поэтому г-н Явлинский на полном основании считает действия президента и армии в Чеченской Республике неправомерными. Последнее обстоятельство означает, что российская армия становится в один ряд с бандформированием – ред.)

До сих пор не принято решение в отношении чрезвычайного положения ни в Чечне, ни в Ставропольском крае, ни в Дагестане, ни в Ингушетии, нигде. Очень тяжелое впечатление оставляет, скажем, обстрел российскими вертолетами нашего собственного ОМОНа. Вы знаете, сколько людей погибло? 35 человек! Очень неприятное впечатление остается от каких-то глупостей, которые мы слышим в ответ на взрыв на рынке в Грозном. Политики, принимающие решения, должны понимать: именно такую армию они направляют на боевые действия на Северном Кавказе. Именно такая армия получает их приказ. Это армия, это не пустые слова. Это наше «детище». Вот оно у нас такое – как умеет, так и воюет.

Конечно, со всем тем, что я сказал, согласиться невозможно. Конечно, это вопрос не к солдатам и офицерам, это вопрос к генералам, которые преступно провели кампанию 1994-96 годов, боюсь, что и сегодня не сильно поднялись они в своих знаниях и умениях. Но это наша с вами армия. И никакой другой армии у нас сегодня нет. Никто другой защищать нас от бандитов и агрессоров не будет.

Понимая все это, мы заявляем: да, мы поддерживаем наших солдат и офицеров, которые отдают свою жизнь за свободу и независимость нашей Родины. Но мы спрашиваем у политиков, отдают ли они себе отчет, когда принимают решения, что именно такая армия продвигается сейчас к Грозному, именно такая армия идет к широкомасштабной войне в Чечне. Вопрос этот сегодня самый важный.

ВЕДУЩАЯ:
– Правильно ли я поняла? Говоря о безусловной поддержке армии, Вы говорите о том, что Вы не можете поддержать тех политиков, которые бросают такую армию, делающую «ковровые» бомбежки или бомбящую рынок в Грозном, нанося потери мирному населению?

ЯВЛИНСКИЙ:
– Да, я могу сказать, что я поддерживаю российских солдат и офицеров и буду их поддерживать всегда. Я отвожу лично от них всякое обвинение. Я говорю сегодня о другом. Когда премьер-министр отдает указание такой армии штурмовать Грозный, перейти Терек и двигаться на юг Чечни, то именно он и несет ответственность за то, что там происходит, а не эта армия.

ВЕДУЩАЯ:
– А можно ли вообще говорить о возможности ведения нашими войсками такой операции, которая сейчас идет в Чечне?

ЯВЛИНСКИЙ:

– Дело в том, что в Чечне сформировались крупные военно-криминальные отряды, против которых нам нечего выставить. У нас ничего, кроме нашей вот такой армии, нет. Сегодня все это вместе составляет очень драматическую ситуацию в стране. Кроме Вас, к сожалению, до сих пор никто ни разу по существу еще не задал этого вопроса. На сегодня это просто драма нашей страны. Там серьезные военно-криминальные формирования, которые реально угрожают нашей свободе, жизни и безопасности. Но противопоставить им мы можем только ту армию, которая у нас есть. И как российский политик я буду поддерживать нашу армию, наших солдат и офицеров.

Другой вопрос – это мой разговор с политиками в Москве, которые принимают соответствующие решения. Что касается другого выхода (я раз говорил и еще раз повторяю), военного решения там нет, есть только решение политическое. Оно состоит из двух основных частей. Путин обязан разговаривать с Масхадовым, Путин обязан добиваться понимания у местного населения. Определенные шаги в этом направлении делаются. Когда мне говорят, что Масхадов ничего не контролирует, то я отвечаю: да, он не контролирует бандитов. Но население его избирало. Если вы хотите найти общий язык с населением (а иначе вам бандитов не победить), вы должны разговаривать с Масхадовым.

ВЕДУЩАЯ:

– Это была точка зрения Григория Явлинского.

На этом мы заканчиваем нашу передачу. Всего вам доброго.

P. S.

В конфликте, разгоревшемся между Грузией и Россией в начале августа 2008 года, российской армией, получившей «добро» от кремлевского руководства, было вновь применено оружие массового уничтожения – тактические ракеты «Земля – земля» типа «Точка-У», запрещенные международными конвенциями. Однако должного эффекта это грозное оружие не произвело вследствие того, что российские войска произвели ракетный обстрел территории Грузии, не имея возможности сделать предварительную разведку местности. То есть, в отличие от ракетной атаки в Чечне, это была неприцельная ракетная стрельба, которая была рассчитана на то, чтобы посеять панику у населения

Грузии. Подробный отчет о применении тактических ракет в Грузии можно прочесть на сайте «Новой Газеты»:
http://www.novayagazeta.ru/data/2008/67/01.html
http://www.novayagazeta.ru/data/2008/67/00.html

События в Чечне
(Пресс-релиз ПЦ «Мемориал», «Гражданское содействие», «Amnesty International»)

16 ноября 1999 г. состоялась пресс-конференция, на которой выступили представители Правозащитного центра «Мемориал», Комитета «Гражданское содействие» и «Amnesty International», вернувшиеся из Ингушетии.

Представители общества «Мемориал» и комитета «Гражданское содействие» с 6 по 14 ноября находились на территории Республики Ингушетия. Работа велась совместно с представителем «Amnesty International». Были исследованы условия размещения вынужденных переселенцев из Чечни, опрошены вынужденные переселенцы в местах размещения, больницах, на контрольно-пропускном пункте при въезде в Ингушетию, вокзале и т. п.

Мы можем утверждать, что борьба с терроризмом, провозглашаемая руководством РФ как главная цель военной операции в Чечне, обернулась для мирных жителей этого региона России страданиями, гибелью, потерей здоровья, увечьями, разрушением жилищ. На территории Ингушетии число вынужденных переселенцев сравнимо с численностью постоянных жителей республики.

1. Основываясь на показаниях вынужденных переселенцев, собранных независимо друг от друга в разных местах и разное время, мы можем утверждать, что федеральные войска во второй половине октября – начале ноября 1999 г. продолжали наносить неизбирательные авиационные, ракетные и артиллерийские удары по населенным пунктам Чечни, что привело к гибели и ранениям мирных жителей.

Приведем лишь несколько примеров:

– Наиболее известен ракетный удар 21 октября по Центральному рынку города Грозного, в результате которого погибло более 140 человек и более двухсот человек получили ранения. Среди погибших и раненых абсолютное большинство составляли мирные жители, в том числе женщины и дети.

Зулехан Асуханова, 14 лет, лишилась правой руки в результате ракетного обстрела города Грозного 21 октября

– Ракетный удар по селу Новый Шарой в ночь с 22 на 23 октября. Из жителей села были убиты и ранены более 16 человек, в том числе дети в возрасте от 8 до 14 лет. Один раненый ребенок – Джовбатыров Султан, 9 лет, находится в Сунженской больнице № 1 (Ингушетия).

– Ракетно-бомбовый и артиллерийский обстрел села Новый Шарой 27 октября, в результате среди жителей села были убитые и раненые, в том числе дети. Один раненый ребенок – Юсуп Юнусович Магомадов, 14 лет, у которого ампутированы обе нижние конечности, находится в Сунженской больнице № 1 (Ингушетия).

– Ракетно-бомбовые и артиллерийские обстрелы села Самашки 23, 25, в ночь с 26 на 27 и в течение 27 октября. В результате этих обстрелов среди мирных жителей села имеется много раненых и погибших. К наиболее тяжким последствиям привел обстрел 27 октября. Например, 27 октября на глазах Хамсат Асхадовны Амаевой взрывом снаряда были убиты ее двоюродная сестра Зара Мутиева и племянница Эмина (12 лет). Снарядом, попавшим в дом семьи Мутиевых (ул. Ленина, 19) были убиты Алина Дебришева (12 лет) и Зара Магомедовна Борзоева (47 лет), тяжело ранена Эсила Абуталиповна Дебришева (35 лет), которая сейчас находится в больнице на территории Ингушетии. Были ранены Зелимхан Икун (14 лет), находящийся с ампутированной правой ногой в районной Сунженской больнице № 2 в Ингушетии, Мадина Авторханова (22 года), находится с осколочным ранением правого бедра и переломом обеих предплечий в районной Сунженской больнице № 1 в Ингушетии.

– Ракетно–бомбовый удар 27 октября по городу Грозному по улице Ленина в районе магазина "Луч". СМИ сообщали, что в этот день федеральные войска нанесли ракетный удар по дому Шамиля Басаева. Действительно, в этом районе находятся два дома Басаева. В результате ракетного удара, нанесенного между 11 и 12 часами, эти дома были частично разрушены. Однако этим же ракетным ударом и последующей за ним бомбардировкой были уничтожены прилегающие кварталы – не менее пяти двухэтажных 12-квартирных домов, один пятиэтажный дом и множество одноэтажных частных домов. Среди жителей домов имелись многочисленные убитые и раненые. Кроме того, на расположенной рядом стоянке такси были уничтожены несколько автомашин с находившимися в них шоферами и пассажирами.

— 8 ноября в результате попадания ракеты в жилой дом в пос. Гикало по ул. Рабочей погибли 10 и были ранены 12 человек. Погибли жители поселка Гикало: Арсанукаев Саид, 1977 г. р., Сулейманов Руслан, 1977 г. р., Вахаева Роза Исаевна, пенсионерка. Погибли люди, бежавшие из Наурского района:

Ханпашев Нурди Ибрагимович, 1953 г. р., Висенгириев Хусейн Вахович, 1973 г. р., Исрапилов Ваха 1976 г. р., Вагапова Раиса Сулеймановна и трое ее детей.

— Судя по показаниям вынужденных переселенцев, удары с воздуха наносятся по любому скоплению в селах автомашин и людей. В частности, есть случаи, когда ракетно-бомбовым ударам подвергались похоронные процессии. Так, 29 октября была обстреляна похоронная процессия в селе Старые Атаги (хоронили Тамару Чинаеву, погибшую 27 октября в Грозном в районе магазина «Луч») – 3 человека погибли.

В горном селе Итум-Кале 30 октября хоронили людей, погибших при обстреле колонны беженцев на трассе Ростов – Баку 29 октября. При возвращении процессии с кладбища она подверглась бомбардировке. В районной Сунженской больнице № 2 (Ингушетия) находится раненный при этом Салуев Салид Магомед, 1930 г. р. и его сын (в тяжелом состоянии). Кроме того, пострадали еще 5 человек.

— Таус Шаипов, 50 лет и его 8-летняя дочь Ася были ранены во время ракетного обстрела села Гехи 18 октября

Получены сведения о многих других аналогичных эпизодах неизбирательных обстрелов и бомбардировок населенных пунктов.

2. Жители Чечни бегут, спасая свои жизни и жизни своих близких, от бомбежек и обстрелов.

Между тем «гуманитарные коридоры» для безопасного выхода мирных жителей фактически отсутствуют. Открыты лишь «ворота» из обстреливаемых районов, но нет безопасного подхода к ним. Дороги подвергаются обстрелам и бомбежкам. Наиболее известен случай обстрела колонны беженцев 29 октября на трассе Ростов – Баку. Однако, эта же трасса неоднократно подвергалась обстрелам и бомбежкам, хотя и менее интенсивным, и в другие дни – например, 28 октября, 4 и 6 ноября. Эти обстрелы также приводили к гибели людей. Обстреливаются и другие дороги. В частности, постоянным ударам подвергается трасса, ведущая от села Старые Атаги в горный Шатойский район – в результате жители полностью лишены возможности выехать из подвергающегося бомбежкам района.

3. Выйти из зоны конфликта людям сложнее, чем месяц назад.

С 22 октября по 1 ноября административная граница Чечни и Ингушетии была просто закрыта. Затем вынужденных переселенцев начали выпускать из Чечни, но относительно быстро и беспрепятственно могут выйти лишь люди, идущие пешком. Автотранспорт задерживается у КПП «Кавказ 1» в лучшем случае на несколько суток. Критерии, по которым идет пропуск или задержание на посту федеральных сил, неизвестны. Так, например, его прошли 16 находящихся в федеральном розыске рецидивистов, задержанных затем ингушской милицией.

Проходящие через блок-пост люди жалуются на вымогательство со стороны военных.

На КПП «Кавказ 1» идет «фильтрация» потока выходящих из Чечни людей, в ходе которой некоторых из них задерживают и направляют в фильтрационный пункт в Моздоке. О ситуации в этом фильтрационном пункте практически ничего не известно.

Международные организации должны потребовать прозрачности системы содержания задержанных.

4. По данным Миграционной службы Республики Ингушетия на 13 ноября:

– в Республике Ингушетия были зарегистрированы 192800 человек, прибывших из Чечни (45304 семьи);
– в центры временного размещения из Ингушетии выехали 38 человек (11 семей);
– в регионы России к родственникам и знакомым выехали по железной дороге –13807 человек;
– в северные районы Чечни – 7764 человека;
– в Грузию – 1846 человек.
С 1 ноября:
– в Ингушетию въехало 36175 человек;
– из Ингушетии в Чечню выехали 7893 человек;

— в городках вынужденных переселенцев имеется 22 тысячи мест;

— в том числе в железнодорожных вагонах живет около 10 тысяч человек,

— МЧС Ингушетии имеет резерв еще на 8 тысяч мест в палатках. Между тем, по самым скромным подсчетам сейчас в день на территории Ингушетии оседают 1,5 тысяч вынужденных переселенцев из Чечни. Значительные усилия, предпринимаемые ингушскими властями для обеспечения беженцев из Чечни, позволяют пока лишь не допустить резкого и неконтролируемого ухудшения обстановки. Не хватает палаток и вагонов, а имеющиеся не отапливаются должным образом. Уже сейчас многие железнодорожные вагоны переполнены. В некоторых плацкартных вагонах, в купе, рассчитанном на 6 человек, живут по 12 и более человек. Во многих палатках на десяти местах проживают 15 и более человек. Мы видели палатки, в которых на десяти спальных местах проживали 30 человек. Причем снабжение пищей осуществляется по количеству мест в вагоне или палатке. В городках не хватает питьевой воды. Хотя голода пока не наблюдается, но снабжение продуктами питания явно недостаточно. Пищу зачастую негде приготовить.

В железнодорожных вагонах у города Карабулак, где с конца октября расположены вынужденные переселенцы, централизованное снабжение людей горячей пищей из-за отсутствия газа и воды осуществлялось лишь дважды за весь период.

В городках складываются тяжелая санитарная обстановка. Несмотря на заверения МЧС о том, что в городках работают бани, в реальности люди с момента своего приезда не имели возможности вымыться там ни одного раза. По данным представителя Минздрава России Арсанукаева Магамеда Асламбековича, в городках много случаев педикулеза, все больше появляется больных чесоткой, большинство жителей городков страдают острыми респираторными заболеваниями. Мы видели завшивленных детей.

Возрастает количество заболеваний дизентерией.

Но особую опасность представляет надвигающаяся зима. Не хватает дров и угля для отапливания палаток и вагонов. В ряде вагонов отопление не работает или испортилось. Не хватает воды, необходимой для работы отопительной системы вагонов. Три дня холодов, обрушившихся во второй декаде ноября на Ингушетию, буквально поставили многих вынужденных переселенцев на грань выживания.

Очевидно, что военная операция в Чечне является вооруженным конфликтом немеждународного характера. Федеральное руководство, называя вопреки очевидности вооруженный конфликт в Чечне «антитеррористической операцией» (в прошлый раз это было «уничтожение бандформирований»), пытается вывести происходящее из контекста гуманитарного права, а тем самым, из-под международного контроля. Между тем, Группа содействия ОБСЕ до сих пор имеет мандат на наблюдение за соблюдением прав человека и норм гуманитарного права в зоне конфликта. Все соответствующие международные организации должны обратить самое пристальное внимание на происходящее на Северном Кавказе и в России в целом.

«Точечные удары»
(Конфликт в Чечне–1999. Неизбирательное применение силы федеральными войсками в ходе вооруженного конфликта в Чечне в сентябре-октябре 1999 г.)

Предварительный доклад
Составитель А. Черкасов. E-mail:
cherkasov@memo.ru

Введение
1. Ракетный обстрел Грозного 21 октября 1999 г.
1.1. Сообщения средств массовой информации.
1.2. Комментарии должностных лиц РФ.
1.3. Выводы.
2. Ковровая бомбардировка села Элистанжи 7 октября 1999 г.
3. Бомбардировки и обстрелы населенных пунктов: рассказы беженцев.
4. «Артиллерия бьет по своим». Дагестан, Ингушетия.
Заключение.

Предварительный доклад содержит сведения о некоторых случаях неизбирательного применения силы федеральными войсками в первый месяц вооруженного конфликта, до 21 октября. Правозащитный Центр «Мемориал» продолжает сбор и систематизацию сведений о нарушении сторонами прав человека и норм гуманитарного права в ходе конфликта.

Введение

Прошел уже месяц после 22 сентября – начала бомбардировок федеральной авиацией Грозного и других крупных населенных пунктов Чечни. Сообщая о ходе боевых действий на Северном Кавказе осенью 1999 года, официальные лица Российской Федерации, а также и СМИ (основываясь, в основном на высказываниях официальных лиц), подчеркивают отличия происходящего от чеченской кампании 1994–1996 гг. Наряду с малыми потерями среди федеральных войск, отмечается избирательность их действия, применение высокоточного оружия с целью уничтожить террористов при минимальных жертвах среди мирного населения. Именно эти обстоятельства, по-видимому, обеспечивают поддержку действиям правительства как населением, так и политической элитой России:

Евгений Примаков:

Точечные удары, если они осуществляются действительно точечным образом, если применяется высокоточное оружие, а я уверен, что его следует применять и оно применяется, наверное, уже, то тогда жертвы среди мирного населения минимальны.

(«Эхо Москвы», Интервью, 01.10.99; 15:35)

Сергей Степашин:

...И главная задача сегодня, которая должна стоять перед войсковыми подразделениями, перед внутренними войсками наряду с уничтожением баз боевиков, – в основном это высокоточное оружие, артиллерия, авиация и специальные операции ... (Телеканал TV-6, Обозреватель, 10.10.99; 19:55)

Именно о таких способах ведения боевых действий постоянно говорят чиновники, включая **премьер-министра Путина**:

Владимир Владимирович ... выразил слова своего искреннего восхищения выучкой и умением летчиков и с особой теплотой отозвался о российских оружейниках, которые создали ... высокоточное оружие, которое позволяет сейчас наносить удары непосредственно по базам скопления боевиков и избежать ненужных жертв среди мирного населения.

(ОРТ, Новости, 20.10.1999, 12:00)

Насколько верны эти слова Путина? Даже цитируемые выше политики сомневаются в их реальности:

Сергей Степашин:

...давайте будем объективно оценивать боеспособность и возможность наших, в том числе, Вооруженных сил, того, что мы называем высокоточным оружием, космической разведкой. В течение последних 5-7 лет на эти самые технические разработки гроша ломаного, прошу прощения, не выделялось.

(НТВ, Герой дня, 05:10:99, 19:40)

Российские военные и чиновники много говорят о применении в Чечне высокоточного оружия – об этом, впрочем, мы знаем только с их слов. Однако и сообщения средств массовой информации из Чечни, и свидетельства беженцев, и даже простое сопоставление официальных заявлений должностных лиц РФ и представителей Министерства обороны позволяют усомниться в «точечном» и избирательном характере действия федеральных войск.

1. Ракетный обстрел Грозного 21 октября 1999 года

1.1. Сообщения средств массовой информации

Около 18:10 21 октября 1999 г. в некоторых районах Грозного прогремели взрывы; по сообщению корреспондента Ассошиэйтед Пресс Марии ЭЙСМОНТ, были убиты 118 и ранены более 400 человек.

Один из взрывов произошел на грозненском Центральном рынке. «По словам очевидцев, среди прилавков: где обычно идет торговля кожаной одеждой и продуктами питания» (Интерфакс). О том же сообщили корреспонденты Радио "Свобода" (22–10–99, программа Liberty Live):

Андрей Бабицкий:

Удар по Центральному рынку Грозного, той его части, на которой торгуют не продовольствием, а одеждой, посудой, аппаратурой и прочим, застал людей под конец базарного дня, когда все после работы торопятся сделать необходимые покупки. Сегодня утром мы все побывали на рынке. ... Целый квартал лоточков, будочек и навесов снесен взрывом.

Петр Вайль (ведущий):

Иными словами, это был обыкновенный «колхозный рынок», как это раньше называлось?

А. Бабицкий:

Да, это абсолютно обыкновенный колхозный рынок, там торгуют продуктами, а там, куда упала ракета, там торговали вещами. Мы находились у здания Генерального Штаба во внутреннем дворике. И в это время прогремели два взрыва, после чего мы спустились в подвал. Взрывы прогремели совсем недалеко от нас, буквально в 50-60 метрах, нас спасло то, что ракеты упали с внешней стороны здания и фактически ударили по фасаду. По словам заведующего отделением реанимации 9-й городской больницы г. Грозного, только туда «...поступили где-то в 17:15 – 17:20 [учитывая разницу по времени с Москвой в один час – прим. сост.] около 65-70 человек» раненых (НТВ, Сегодня, 22.10.1999).

А. Бабицкий:

Мы поехали в 9-ю городскую больницу, ...и там мы застали чудовищную картину: залитые кровью полы и огромное количество раненых. Раненых, убитых, и умирающих прямо на наших глазах людей подвозили каждую секунду. Автобусы, микроавтобусы, легковые машины. Весь внутренний дворик больницы был заставлен машинами с тяжелоранеными людьми, которых не успевали вносить в больницу. Я скажу, что насчитал около тридцати человек, и не всегда было понятно, кто просто ранен, а кто уже мертв.

Хасин Радуев:

Все ракеты взорвались в центральной части города, на Центральном рынке, торговые ряды которого функционируют практически круглосуточно – погиб 61 человек. В мечети поселка Калинина в часы вечерней молитвы оказалось около 60 человек. 41 погиб. Одна из ракет взорвалась во дворе единственного в Грозном действующего родильного дома. Жертвами стали 13 женщин и 15 новорожденных малышей. Еще 7 человек погибли от осколков на стоянке перед зданием роддома. Много раненых у Главпочты, где на автостоянке в момент взрыва находились несколько автобусов с пассажирами.

Уцелевшие свидетели так описывают случившееся в районе рынка:

Диктор:

«Местные жители говорили, что видели, как что–то взрывалось в воздухе».

Жительница Грозного:

«Три снаряда оттудова, три раза, и как будто в воздухе она взрывается, и потом эти осколки летят. ... Не знаю, они в воздухе вроде бы взрывались».
(НТВ, «Сегодня», 22.10.1999).

Жительница Грозного Наталья Эстемирова в это время садилась в автобус 7-го маршрута неподалеку от бывшего здания почтамта. Услышав со стороны роддома звук взрыва и увидев ползущее оттуда бурое облако кирпичной пыли, пассажиры и бросились прятаться от обстрела в развалины напротив почтамта. Не успели они укрыться, как сверху над ними прогремели новые взрывы. Руины устояли, но те, кто не был защищен сверху перекрытиями, получили множественные осколочные ранения.
(Интервью Н. Эстемировой
М. Замятину и А. Черкасову,
Москва, «Мемориал», 25.10.1999).

В телевизионных репортажах на следующий день были показаны разрушения на рынке и деформированные металлические обломки – по словам чеченцев, фрагменты ракет «земля–земля» – "огромные, полутораметровые осколки, маркированные цифрами и буквами кириллицей".
(А. Бабицкий).

По словам заведующего отделением реанимации 9-й городской больницы города Грозного, только туда "поступили где-то в 17:15 – 17:20 (учитывая разницу по времени с Москвой в один час – прим. сост.) около 65–70 человек" раненых (НТВ, Сегодня, 22.10.1999).Списки погибших были неполны, так как родственники забрали многие тела для похорон, и неизбежно пополнятся, так как около ста раненых находятся в критическом состоянии. На следующий день начальник оперативного управления чеченских вооруженных сил Мумади Сайдаев говорил о 137 погибших и свыше 250 раненых *(Интерфакс)*.

1.2. Комментарии должностных лиц РФ

В течение дня 22 октября должностные лица РФ разного ранга дали как минимум пять существенно различных комментариев к происшедшему накануне.

Руководитель Российского информационного центра *Александр Михайлов* в интервью утренней программе новостей телеканала НТВ заявил, что ни одного боевого вылета на Грозный самолеты федеральных сил накануне не совершали, не применялись и тактические ракеты «Земля – земля». Михайлов не исключил, что взрыв в Грозном стал результатом теракта, подготовленного самими боевиками.

Руководитель Центра общественных связей ФСБ *Александр Зданович* в интервью Радио России заявил, что Федеральная служба безопасности РФ не имеет отношения к взрывам в центре Грозного, в том числе на городском рынке, заметив, что у ФСБ "имелись данные о том, что на рынке складировалось оружие, боеприпасы, взрывчатые вещества. Более того, боевики, считая, что по скоплению людей не будет нанесен удар ни авиацией, ни артиллерией, складировали там большое количество боеприпасов. Поэтому мы не исключаем, что мог произойти самопроизвольный подрыв боеприпасов, приведший к гибели людей».

Александр Веклич, начальник объединенного пресс-центра федеральной группировки войск на Северном Кавказе, в интервью телеканалу ОРТ заявил, что в четверг в районе рынка в Грозном была проведена спецоперация против торговцев оружием. «По данным разведки, вчера в районе Биржа в городе Грозном был обнаружен рынок, на котором шла продажа оружия и боеприпасов террористам. В результате специальной операции рынок вместе с оружием и боеприпасами, а также торговцами оружия уничтожен. Особо хочу подчеркнуть, что операция проводилась вневойсковыми способами и без применения артиллерии и авиации".

Отвечая на вопрос, не пострадали ли в ходе «спецоперации» мирные люди, Веклич сказал: «Вы знаете, в темное время суток мирные люди не ходят по рынку, где продается оружие бандитам и террористам, а сидят дома. Поэтому, там если и были пострадавшие, это были пострадавшие те, кто продает оружие и боеприпасы бандитам, обеспечивает их».

На пресс-конференции в Хельсинки председатель Правительства РФ Владимир Путин сказал: «Могу подтвердить, что действительно имел место какой-то взрыв в Грозном на рынке. Но хочу обратить внимание представителей прессы на то, что имеется в виду не просто рынок в общепринятом смысле этого слова, имеется в виду рынок вооружений – так это место в Грозном называется. Это база оружия, склад оружия. И это место – один из штабов бандформирований. Мы не исключаем, что взрыв, который там произошел, является результатом столкновений между противоборствующими группировками».

Вместе с тем, он отрицал причастность федеральной стороны к происшедшему, и фактически дезавуировал слова А. Веклича: "Есть информация о том, что проводилась какая-то спецоперация со стороны федеральных сил. Да, такие операции проводятся регулярно, есть основания полагать, что такая операция проводилась и вчера, но это никакого отношения не имеет к событиям, происшедшим в Грозном».

Наконец, начальник организационно–мобилизационного управления Генштаба РФ генерал-полковник *Путилин* заявил: «Никакие удары в это время по Грозному не наносились, и вооруженные силы к этому делу непричастны. В связи с тем, что Грозный в настоящее время не контролируется Вооруженными силами России, подтвердить объективность первого заявления, которое было сделано, объективной возможности пока не представляется». Тем самым Путилин также дезавуировал заявление Веклич.

Эти заявления, в общем, не нуждаются в комментариях – Путилин, Путин, Веклич, Зданович и Михайлов сами опровергают друг друга. Тем не менее, на следующий день «последним словом» федеральной стороны стала версия, вобравшая в себя три вышеприведенные; ее озвучил *Валерий Манилов*, первый заместитель начальника Генштаба ВС РФ: «Если говорить о самых последних операциях, в том числе о той, которая была проведена 21 числа, то это была невойсковая операция специальная, и она проводилась в Грозном. В результате этой стремительной специальной операции произошло столкновение между двумя крупными, давно враждовавшими между собой противоборствующими бандитскими формированиями, и самую острую фазу, кульминацию эта схватка между этими двумя бандами получила вблизи одного из очень крупных складов вооружения и боеприпасов. Этот склад находится, вернее сказать теперь, находился рядом с территорией, на которой продолжительное время осуществлялась торговля оружием, боеприпасами. На этом складе, как показывают оперативные разведывательные данные, было сосредоточено огромное количество самых различных боеприпасов, различных типов вооружения, в том числе и ракетного. Так вот, в результате этой интенсивной перестрелки, о чем мы сообщали еще и раньше, видимо один из залпов или трассирующих... произошло попадание в этот склад боеприпасов и вооружений, и произошел мощный взрыв».

(НТВ, Сегодня, 23.10.1999, 19:00)

1.3. Выводы

Как заметил В. Путилин, комментируя случившееся на рынке в Грозном: Если бы туда упали эти ракеты или был бы рынок поражен тремя ракетами класса «Земля – земля», то поражения были бы абсолютно не такие... *(РТР, Вести, 22.10.1999, 19:00).*

Действительно, взрыв одного или нескольких компактных мощных взрывных устройств на уровне земли в данном случае исключен. Даже телевизионные репортажи позволяют сделать несколько выводов о характере поражения территории грозненского рынка: Во-первых, в торговых рядах устояли все вертикальные элементы (стойки и т. п.), в то время как горизонтальные (навесы и перекрытия) снесены, расколоты, пробиты осколками;

Во-вторых, на крупных планах видны характерные следы готовых убойных элементов (шариков), используемых в шариковых бомбах, которыми, в частности, снаряжаются кассетные боеприпасы (как авиационные, так и боеголовки ракет), фугасный же эффект при взрыве был незначителен, постройки, видимые на экране, устояли.

Наконец, металлические обломки, которые демонстрировались в репортажах, похожи на фрагменты тактических ракет (управляемых или неуправляемых), допускающих кассетное снаряжение суббоеприпасами (в том числе и шариковыми бомбами).

Телевизионные кадры и рассказ жительницы Грозного исключают версии Здановича о «самопроизвольном взрыве боеприпасов», Веклича о «специальной операции» и Путина о «столкновении между противоборствующими бандформированиями». Если бы одна из них была верна, то имели бы место взрыв на уровне земли и, соответственно, совершенно иная картина разрушений.

Ранее в распоряжении ПЦ «Мемориал» уже имелась информация о применении в Чечне тактических ракет в кассетном варианте. 10–11 октября в ходе опроса беженцев из Чечни в лагерях в Ингушетии представителями ПЦ «Мемориал» и «Гражданского содействия» некоторые беженцы из Урус-Мартана говорили, что, начиная с 8 октября в районе Урус-Мартана и села Рошни-Чу взорвались несколько ракет с кассетным снаряжением. Но так как они, по-видимому, взорвались вдали от построек и скоплений людей и не привели к человеческим жертвам, беженцы не акцентировали на этом внимание. О том же сообщали и СМИ: **...Используется и высокоточное оружие. Минувшей ночью по боевикам были выпущены 4 тактические ракеты «Земля – земля» среднего радиуса действия.** *(ОРТ, Время, 11.10.1999; 21:00)*

Таким образом, наиболее вероятным объяснением взрыва 21 октября в районе грозненского рынка является использование тактических ракет с кассетными боеголовками.

Такое же мнение высказал в беседе с директором московского бюро Радио «Свобода» Савиком Шустером и президент Ингушетии Руслан Аушев (23-10–99, Liberty Live). Он отверг как смехотворную версию о взрыве склада оружия:

Р. Аушев:

Я видел пожары на войсковых складах. Даже когда взрывались самые большие склады на Дальнем Востоке – ну, один-два раненых. А тут такое точное попадание и столько трупов, и столько раненых. Понятно для меня как военного, что нанесли удар тактическими ракетами...

По словам генерала Аушева, в Ингушетии и Северной Осетии слышали, как пролетали эти ракеты, которые, по всей вероятности, были пущены с базы 58-й армии близ села Тарское на территории Северной Осетии. Он выразил сомнение, что решение об ударах по Грозному могло быть принято на уровне командующего армией:

Р. Аушев:

Нет, на самом верхнем. Все принимается на самом высоком уровне. ...применялись ракеты «Земля – земля»..., в принципе, носители ядерного оружия. Когда вопрос обсуждался, какие силы и средства будут задействованы, ...когда операция планировалась, там дали добро. Я думаю, что президент об этом знает. Кто возьмет на себя ответственность без президента использовать ракетные войска?

Наконец, 26 октября 1999 г. в телевизионной программе Евгения Киселева «Глас народа» (телеканал НТВ) командующий группировкой федеральных сил «Запад» генерал-майор Владимир Шаманов признал, что взрывы в Грозном 21 октября произошли в результате ракетного удара, нанесенного федеральными войсками:

В. Шаманов: Видимо, были применены «средства старшего начальника».

Е. Киселев: Что такое средства старшего начальника?

В. Шаманов: Это могут быть или ракетные удары, примененные авиацией или сухопутными войсками, или высокоточное оружие.

На вопрос о том, кто имел право отдать приказ о применении таких видов оружия, последовал ответ:

В. Шаманов: Это вопрос не ко мне, это вопрос к вышестоящему начальству.

Е. Киселев: Вы можете дать такой приказ?

В. Шаманов: Нет, у меня таких средств нет.

Таким образом, высшие должностные лица РФ и руководство Генштаба не только лгали, пытаясь скрыть причины взрывов в Грозном, но и несут прямую ответственность за массовую гибель гражданского населения.

* * *

Кассетные боеголовки ракет, снаряженные суббоеприпасами с готовыми убойными элементами предназначены для поражения незащищенной живой силы на больших площадях, и неизбирательное их применение, тем более – применение против гражданских объектов, является безусловным нарушением норм гуманитарного права. Российские должностные лица, говоря о взрыве в Грозном, – вне зависимости от того, признают они или отрицают участие в случившемся федеральной стороны, – едины в одном: они называют грозненский Центральный рынок «рынком (или складом) оружия», «штабом боевиков» и т. п. Налицо попытки выдать гражданский объект за военный, и, тем самым, оправдать возможное преднамеренное нападение на гражданских лиц.

Пока мы не имеем списка погибших и раненых, и не можем оценить соотношение мужчин и женщин среди них. В кадрах телевизионных репортажей, где были показаны тела погибших, мы видели только женщин. Рынок в центре Грозного работал все последние годы. Его посещали практически все журналисты, работающие в Чечне (за 3 часа до трагедии там побывала корреспондент агентства «Эпицентрум» Петра Прохазкова), которые могут подтвердить, что он никогда не был и тем более не назывался рынком оружия. Хотя, действительно, можно было при желании купить оружие в одном из уголков рынка – «на Бирже»:

...Не знаю, кто назвал так участок на рынке, где играют на бильярде, жарят шашлыки и торгуют оружием. Пошли на биржу. Работает. Автомат Калашникова – 350 долларов, пистолет Макарова – 250, одноразовый гранатомет "Муха – 400, РПГ – 1000 долларов. ... цены на товар напрямую зависят от обстановки в республике. Во время дагестанских событий – подскочили. Потом упали. Теперь опять полезли вверх. *(А. Евтушенко «Черный рынок» в Грозном... Комсомольская правда, 23 октября 1999 г.)*

Ясно, что речь идет о розничной торговле, а не о «складах оружия». Но даже если где-то на рынке кто-то торговал оружием, то применение оружия против рынка в целом было неизбирательным, что запрещено нормами гуманитарного права. Мечеть и роддом, о гибели людей в которых российские чиновники предпочитали не упоминать, безусловно являются гражданскими объектами, нападение на которые категорически запрещено.

Отметим также, что целью ракетного обстрела не могли быть командные пункты, административные здания и иные капитальные постройки. Они не могут быть разрушены осколками субноеприпасов и хорошо защищают от них; для их разрушения потребовались бы моноблочные фугасные боеприпасы, от которых, как верно заметил

В. Путилин, "поражения были бы абсолютно не такие". Огонь велся именно по "незащищенной живой силе".

2. Ковровая бомбардировка села Элистанжи 7 октября 1999 года

9-13 октября представители «Мемориала» и «Гражданского содействия» Л. Гендель, М. Замятин и А. Черкасов опрашивали в Ингушетии в лагерях беженцев из Чечни. В пяти рассказах, записанных в четырех разных лагерях, беженцы (среди них – Гунаева Ирана, Магомадов Дауд, Имурзаев Зайнди) говорили о бомбардировке села Элистанжи 7 октября, в результате которой погибли свыше 30 жителей села.

Д. Магомадов был в Элистанжи на похоронах своей погибшей при бомбежке племянницы Имани Музаевой, 18 лет, беременной, на 6-м месяце. По его словам, в селе были разрушены три улицы рядом со школой.

* * *

Представитель общества «Мемориал» А. Н. Миронов с 9 по 12 октября 1999 года находился в Чечне. При посещении горного села Элистанжи Миронов зафиксировал зону сплошных разрушений (300 на 800 м). По словам местных жителей, разрушения возникли 7 октября около 12 часов дня в результате бомбардировки с большой высоты.

Характерной особенностью разрушений является взаимное перекрывание зон поражения отдельных боеприпасов. Таким образом, имела место ковровая бомбардировка. 34 человека из числа погибших, похоронены на кладбище в с. Элистанжи; согласно списку, составленному со слов местных жителей, это в основном женщины и дети. Кроме того, тела погибших в Элистанжи беженцев из других сел, укрывавшихся там (число их не установлено), были увезены родственниками для похорон на родовые кладбища. Относительно небольшое число погибших объясняется редкой застройкой села, где дома разделены обширными садами и огородами.

В больницах городов Шали и Грозного представитель «Мемориала» беседовал с ранеными из с. Элистанжи (всего около 20 человек). Из них лишь один взрослый мужчина, а остальные – дети и женщины. В селе Элистанжи и его окрестностях наш наблюдатель не обнаружил никаких объектов, которые можно было бы принять за военные.

* * *

Неполные сведения о погибших в селе Элистанжи, приведенные ниже, взяты из двух различных списков. Первый получен 11 октября 1999 г. в Назрани от Адлана Бетмирзаева (комитет по правам человека в ЧРИ), второй (расходящаяся или дополнительная информация оттуда приведена в квадратных скобках) – с сайта МИД ЧРИ (http://mfachri.8m.com/ru/main.htm).

1. Аппазов Рамзан, пенсионер, ветеран ВОВ, кавалер многих орденов. – [75 лет];
2. Арцуев Артур – 16 лет [17 лет];
3. Арцуева Таиса – 13 лет [10 лет];
4. Арцуева Шамсан – 13 лет [Шамса, 15 лет];
5. Арцуев Рахман – 12 лет [Рахьман, 7 лет];
6. Арцуев Заур – 7 лет [9 лет];
7. Арцуев Шамсуда – 11 лет [Шамсудди];
8. Гехаев Адам – пенсионер [62 лет];
9. Гехаева Айшат – пенсионерка [60 лет];
10. Гехаева Эпси – пенсионерка [79 лет];
11. Гехаева Хижан – пенсионерка [71 год];
12. Дурдиева Зина – домохозяйка [43 лет];
13. Дудаев Супьян – 50 лет [51 год];
14. Дудаев Усман – 44 года [42 года];
15. Дудаев Аслан – 16 лет [26 лет];
16. Дудаев Рахман – 12 лет [Рахьман, 14 лет];
17. Бабаева Мадина – домохозяйка [Габаева, 43 года];
18. Мухмадов Ислан – 18 лет [Ислам, 25 лет];
19. Мухмадова Малкан – 22 года, студентка [25 лет];
20. Надаев Сар-Али – 18 лет [25 лет];
21. Осупова Имани – 21 год [20 лет];
22. Петирова Сацита – 14 лет [Пектирова];
23. Исмаилова Тоара – пенсионерка [Тоар, 71 год];
24. Саитова Эсет – домохозяйка [Сапатова, 38 лет];
25. Саитов Ислам – 4 года [*];
26. Чуманов Ислам – 15 лет [Чумаков, 10 лет];
27. Хамзатов Адам – 4 года [Хазатов, 8 лет].

Оба источника дают одинаковый список погибших, но приводят подчас разные сведения об именах, фамилиях и возрасте; кроме того, различен порядок следования людей в списке. Можно утверждать, что списки имеют различное происхождение, взаимно подтверждают друг друга и являются достоверными, хотя и не полными. 6 человек старше 60 лет, 7 – дети моложе 14 лет, 11 – женщины; только 8 из них хотя бы по одному из источников условно могут быть названы мужчинами "боеспособного возраста" – от 14 до 60 лет.

Согласно списку раненых, поступивших 7 октября в хирургическое отделение Шалинской центральной районной больницы, из 35 человек 11 – дети до 14 лет, 3 – старше 60 лет. Из взрослых – от 15 до 60 лет – раненых 11 человек – женщины и 8 – мужчины. По сообщению Н. Эстемировой, предоставившей список, к 21 октября общее число погибших и умерших от ран составило 48 человек.

Исходя из распределения погибших и раненых по полу и возрасту, также можно утверждать, что бомбардировка села Элистанжи была неизбирательной.

3. Бомбардировки и обстрелы населенных пунктов: рассказы беженцев

9-13 октября Ингушетии представители «Мемориала» и «Гражданского содействия» Л. Гендель, М. Замятин и А. Черкасов опросили в лагерях (Сунжа, Орджоникидзевская, Карабулак, Кантышево, Аки–Юрт) несколько десятков беженцев из различных частей Чечни: из сел северных Наурского, Шелковского и Надтеречного районов, где вели операции федеральные силы:

– из населенных пунктов плоскостной Чечни, которые с 22 сентября бомбит и обстреливает федеральная авиация;

– из сел граничащих с Дагестаном Веденского и Ножай–Юртовского районов, которые федеральная артиллерия и авиация начали обстреливать и бомбить еще в ходе отражения вторжения отрядов Басаева в Дагестан.

Опрос беженцев показал, что до 10 октября бомбардировкам и обстрелу подверглись Грозный и его пригороды, Урус-Мартан, Гудермес, Аргун, Самашки, Сержень-Юрт, Зандак, Ведено, Ножай-Юрт, Беной, Замай-Юрт, Правобережное, Кень-Юрт, Наур, ст. Наурская, Горагорск.

Все беженцы говорили, что бежали в Ингушетию, спасая свои жизни и жизни своих близких от бомбардировок и обстрелов. Практически все они покинули дома после того, как в их населенном пункте погибли люди при бомбежке или обстреле. Нами собраны десятки свидетельств, но здесь мы приведем лишь три эпизода. Каждый из них подтвержден несколькими рассказами беженцев в разных лагерях.

27 сентября в пригороде Грозного поселке Старая Сунжа 4 штурмовика СУ-25 нанесли ракетно-бомбовый удар по жилому кварталу. Уничтожены два дома, сильно повреждены четыре. В подвале гаража по адресу: ул. Батукаева, д. 6 убито как минимум шесть человек: семья Темирсултановых – Рамзан 34 лет, его мать Таус 62 лет, его дочь 5 лет, и их знакомая Хаджиханова (Алиева) Лиза 21 года, беременная женщина с двумя детьми – 3 лет и 1.5 лет. В соседнем доме погиб Умхаев Абдул 48 лет.

Ранения различной тяжести получили до 50 человек. Об этом говорится в рассказах пяти беженцев. В Грозном в конце сентября – начале октября федеральная авиация в течении нескольких дней пыталась разрушить телебашню. В результате многочисленных попаданий в районе «56 участка» погибло 18 человек, среди раненых было по крайней мере 10 детей до семи лет. Об этом говорится в рассказах шести беженцев.

По словам беженцев из Урус-Мартана, там ваххабисты базировались в зданиях ветеринарной лечебницы, ветеринарной лаборатории и военкомата. 2-3 октября от бомбардировок и ракетных обстрелов ни один из этих объектов не пострадал. Была разрушена школа № 7, находящаяся через улицу от одного из них; при этом погиб находившийся в школе учитель Закриев Саид-Хасан. В октября в нескольких сотнях метров оттуда бомба попала в подвал, где прятались люди; погибли по крайней мере 6 членов семьи Керимовых: Хасан 46 лет, его жена Марьям 26 лет, их сын Зураб 2 лет, Адлан 39 лет, его жена Бирлант 36 лет, их дочь Рита 13 лет. В подвале также погибли беженцы из Ведено Алгиреев Лечи 43 лет и Дунаев Казбек 37 лет. В подвале своих домов убиты также Джанаралиева Асет 36 лет и Расуев Абуязид 49 лет. Гайтаева Марьям 42 лет убита пулеметной очередью на улице. В школе № 1 убита учительница Катаева Луиза 26 лет. Бапаев Султан 52 лет и Хамзатов Ахмед 47 лет, сторожа зерноводческого хозяйства, погибли от бомбового удара по элеватору с зерном. Об этом говорится в рассказах девяти беженцев.

По словам беженцев, переполненные ранеными больницы не могут полноценно работать: так, 9-я горбольница в Грозном обесточена, ток подается от генератора. Газа нет, а значит, нет и отопления. Остро не хватает медикаментов. То же самое можно сказать про любую больницу. Больница в Заводском районе вообще закрыта.

4. «Артиллерия бьет по своим»: Дагестан, Ингушетия

Вышеприведенные оценки касаются территории Чечни, которая «в настоящее время не контролируется Вооруженными силами России». Однако в настоящее время есть многочисленные факты, «объективная возможность» «подтвердить объективность» которых «представляется» вполне реальной – более того, в настоящее время военная прокуратура этим активно занимается. Речь идет о случаях бомбардировки или обстрела федеральной авиацией и артиллерией своих же частей и подразделений.

Еще в ходе боевых действий в Дагестане авиация показала свою неспособность наносить не то что «точечные», а просто прицельные удары. Зафиксировано несколько случаев ошибочной, но прицельной бомбардировки федеральных частей и подразделений. Военная прокуратура Северокавказского военного округа возбудила по этим фактам три уголовных дела по статье 109 – «неосторожное причинение смерти". Как сообщил в интервью *(НТВ, "Сегодня», 23.10.1999, 19:00, ведущий Михаил Осокин, репортаж Вадима Текменева)* заместитель военного прокурора Северо-Кавказской военной прокуратуры Игорь Афанасьев, дела касаются бомбардировки дагестанских милиционеров в Ботлихе, кемеровского ОМОН в с. Карамахи и 15-го армавирского отряда спецназа ВВ МВД РФ в Новолакском районе, где погибли 34 бойца.

Корр.: 9 сентября перед 15-м отрядом была поставлена единственная задача – захватить в Новолакском районе высоту 715.3, больше известную под названием «Телевышка», и удерживать ее до подхода подкрепления. За несколько часов до начала операции во время общего построения боевыми вертолетами был нанесен первый удар по своим ...

Григорий Терентьев, первый заместитель начальника штаба Северо-Кавказского округа ВВ МВД РФ [командовавший тогда в районе]: – В 19:45 4 боевых вертолета МИ-24, ну, пятый вертолет МИ-8 висел над нами как корректировщик, сделали по войскам, проводящим подготовительные мероприятия к наступлению, три захода неуправляемыми реактивными снарядами. В четвертый заход обработали нас пушками. В отряде после второго захода накрыло 8 человек из самой боевой группы.

Корр.: ...Вскоре группа попала в окружение боевиков, ...и как раз в это время позиция российского спецназа еще дважды была атакована с неба, на этот раз штурмовиками СУ–25.

Павел Урланов, командир 2-ой группы армавирского отряда спецназа: Порядка 6 заходов было сделано, 3 из них было сделано по нам ...

Корр.: Спецназовцам не смогли помочь ни сигнальные ракеты, ни гигантские эмблемы на технике, которые хорошо просматриваются даже с 200-метровой высоты.

Игорь Афанасьев: Если были случаи халатности, допустим, или тех или других – авиации, кто наводил, какие цели, какие боевые задачи, где эти находились, ну, наземные войска должны ли были там находиться – все это мы сейчас проверяем. Установим объективно. Когда все это установим объективно, я думаю, что виновные будут наказаны.

Выше перечислены далеко не все случаи ударов федеральной авиацией по своим частям – прокурор не назвал бомбардировку в села Карамахи махачкалинского ОМОН.

Вообще, по словам руководившего федеральной группировкой в районе села Карамахи командующего Северо-Кавказским округом ВВ МВД РФ генерал-полковника Михаила Лабунца, до 40% потерь федеральные силы несли там от собственной авиации. Взять села удалось только после того, как авиацию применять прекратили. То же самое продолжалось в Ингушетии. Там, по информации МВД РИ, 7 октября пара вертолетов методично расстреливала блок-пост ингушской милиции «Восток-44» до тех пор, пока командир располагавшейся на соседней высоте федеральной части не сообщил авиаторам, что они бьют по своим. Были уничтожены все постройки и три автомобиля. Кроме того, на 10 октября зафиксировано 7 случаев падения снарядов в районе населенных пунктов, которые можно объяснить случайностью или ошибкой. В настоящее время эти эпизоды также расследуются органами военной прокуратуры СКВО.

Заключение

Все это свидетельствовало о неудовлетворительной работе как пилотов, так и разведки и управления. Даже на контролируемой федеральными силами территории огонь зачастую велся по своим частям, расположение которых должно было быть достоверно известно. Естественный вывод: не приходится говорить об исключительно прицельном огневом воздействии в ходе боевых действий на территории Чечни. Эта территория «в настоящее время не контролируется Вооруженными силами России», и «подтвердить объективность» любого «заявления, которое было сделано, объективной возможности пока не представляется».

Нет никаких оснований полагать, что при этом удается «наносить удары непосредственно по базам скопления боевиков и избежать ненужных жертв среди мирного населения».

Вышесказанное позволяет нам утверждать, что там действия авиации были столь же «точечными», т. е. неизбирательными. В итоге стали неизбежны как промахи при бомбардировке «разрешенных» объектов, так и нападения на гражданские объекты.

26.10.1999

Обстрелы и бомбардировки Чечни
(Сентябрь-ноябрь 1999 года)

Отразив нападение отрядов боевиков на Дагестан, Вооруженные Силы Российской Федерации с конца сентября 1999 года стали постепенно переносить боевые действия на территорию Чечни. Налеты авиации и артиллерийские обстрелы привели к массовой миграции населения в Чеченской Республике. Колонны машин с людьми и домашним скарбом устремились в казавшиеся безопасными места: одни стремились выехать за пределы Чечни, другие отправились в северный Надтеречный район, третьи – в предгорные и горные селения. Завязавшиеся бои на подступах к Грозному и в ряде районов республики, бомбардировки горных сел вызвали новую волну метавшихся в поисках спасения людей.

Старые Атаги оказались одним из тех мест, где пересекались потоки беженцев, часть из них оседала в селе. По данным сельской администрации, зимой 1999/2000 года численность населения в Старых Атагах составила около 22 тысяч человек.

В свою очередь, некоторые староатагинцы (дальше – атагинцы) сами начали покидать родное село. И именно среди них появились первые жертвы. 5 октября 1999 года в результате танкового обстрела в районе села Знаменское (Надтеречный район) погибла семья Межидовых из пяти человек. Межидовы – Олег Семенович (имя и отчество дали в детском доме), его жена Мовлат Львовна, их дети Беслан, 1969 г. р., Амина, 1973 г. р., и четырнадцатилетняя Света – были похоронены местными жителями. Там же в результате вертолетной атаки на автомашину 10 октября были убиты шестидесятилетний Иса Усамович Нахаев и еще двое мужчин, находившихся в машине.

В октябре–ноябре российская авиация подвергала ракетно-бомбовым ударам всю территорию Чеченской Республики. Согласно заявлениям российских должностных лиц, по территории Чечни наносились лишь «точечные удары» с целью уничтожения вооруженного противника при минимальных жертвах среди мирного населения. Однако многочисленные сообщения с мест бомбардировок ставили под сомнение эти утверждения.

Так же как и во время первой чеченской войны, российские войска снова использовали оружие, заведомо не предназначенное для избирательных, действительно точечных ударов. Широкую огласку за пределами Чечни получил ракетный удар, нанесенный по центру Грозного 21 октября.

Использовались тактические ракеты «Точка-У» с кассетной боевой частью, снабженной шариковыми бомбами. Одна ракета взорвалась на Центральном рынке, где было наибольшее число пострадавших. Две другие взорвались у родильного дома и здания Главпочтамта. В результате погибли около ста сорока человек и более двухсот человек получили ранения. Абсолютное большинство погибших и раненых составляли мирные жители, в том числе женщины и дети[10]. Среди пострадавших оказались и жители села Старые Атаги: Лиза Эзерханова и двадцатилетний Шамиль Эльбуздукаев погибли на месте, а тяжело раненная Айна Мударова скончалась в больнице спустя две недели. Эльбуздукаеву Увайсу, 1953 г.р., оторвало руку, он получил множественные осколочные ранения груди, головы, рук. Вместе с ним были ранены его несовершеннолетняя дочь и торговавшая на рынке галантерейными изделиями двоюродная сестра.

Удары с воздуха наносились по любым скоплениям людей. Так, 28 октября в Старых Атагах во время похорон шестидесятипятилетней атагинки Тамары Чанкаевой, погибшей вместе с двенадцатилетней внучкой днем раньше под бомбежкой в Грозном, два самолета обстреляли похоронную процессию на кладбище. В результате один человек был убит, пять ранены, сожжен автобус и повреждены шесть легковых автомобилей.

29 октября село Старые Атаги впервые было упомянуто в официальных сводках пресс-службы Министерства обороны РФ. Согласно этому сообщению, «жители населенного пункта Старые Атаги провели акцию с требованием выдворения бандформирований». Это сообщение, не имевшее ничего общего с действительностью, является примером работы российских военных пропагандистов, ведущих информационную войну. В селе в этот период какие-либо вооруженные отряды вообще не располагались. Соответственно, не было и никаких «акций протеста» со стороны местного населения.

Бомбардировки и ракетные удары вынудили часть мирного населения искать спасения в сопредельных с Чечней регионах. Однако еще 29 сентября в министерства и управления внутренних дел ряда краев и республик, входящих в состав Российской Федерации, поступили телефонограммы с приказом закрыть административные границы для выхода людей из Чеченской Республики[11].

Выполнять это указание отказался лишь Президент Республики Ингушетия Руслан Аушев. В результате в Ингушетию устремился поток людей, бегущих от военных действий в Чечне. Но 22 октября российские войска полностью перекрыли границу между Ингушетией и Чечней, запретив пересекать ее гражданским лицам. 26 октября российские государственные средства массовой информации распространили сообщение о том, что с 29 октября для выезда в Ингушетию из Чечни будет открыт «гуманитарный коридор»[12], проходящий через контрольно-пропускной пост «Кавказ-1». Этот пост был оборудован[13] на трассе Ростов – Баку, на границе Чечни и Ингушетии.

Узнав о предоставлении «коридора» для выезда в Ингушетию, тысячи людей решили воспользоваться этой возможностью. Но 29 октября проезд в Ингушетию так и не был разрешен[14]. Сотни машин с беженцами, скопившиеся у контрольно-пропускного поста, начали разворачиваться и возвращаться по трассе Ростов – Баку назад, в сторону Грозного. Однако у села Шаами-Юрт колонна была внезапно атакована – с самолетов по ней выпустили несколько ракет. Среди десятков пострадавших, убитых и раненых на трассе у Шаами-Юрта были и атагинцы: шестидесятипятилетнему Дашалу Юсупову оторвало руку, была тяжело ранена Халипат Шапиева, шестидесяти лет. Позже оба скончались от полученных ран.

Летчики устраивали настоящую охоту за любыми едущими за пределами населенных пунктов автомобилями, тракторами и т. п. Относительно безопасно передвигаться по дорогам Чечни можно было только в туманную погоду, а также в темное время суток или рано утром, так как авиация начинала «работать» обычно с 10 часов. Пренебрежение этим правилом приводило к беде. Так, днем 30 октября на дороге у Старых Атагов погиб двадцатишестилетний Хусейн Шахгириев. Он ехал домой с дровами, когда его грузовик подвергся атаке спикировавшего самолета. Оставшись без газа и электричества[15], жители Старых Атагов в преддверии холодной зимы стали спешно заготавливать дрова. Однако проблема состояла в том, что ближайший лесной массив находился в 10-12 км от села и добраться до него можно было только по обстреливаемой с воздуха трассе на Шатой.

В ноябре окраины Старых Атагов и ведущие в село дороги многократно подвергались ракетно-бомбовым ударам. При этом ни в самом селе, ни вблизи него не было никаких военных объектов, укреплений, баз и складов оружия. Старейшинам удалось убедить чеченские отряды не заходить в село, чтобы не подвергать опасности жизни тысяч местных жителей и беженцев. Многие надеялись, что война минует Старые Атаги, и решили переждать события здесь. Люди запасались керосином, продуктами питания и другими товарами первой необходимости, цены на которые резко возросли.

3 ноября, в ясный солнечный день, российский штурмовик нанес ракетный удар по западной окраине села. Место удара было выбрано летчиком, видимо, не случайно – перекресток проходящей вдоль села трассы Грозный–Шатой и дороги, ведущей в глубь села. Здесь находилась автобусная остановка, здесь же торговали бензином, мясом, фруктами, напитками. Ракеты взорвались именно на этом пятачке. В результате авиаудара погибли две женщины: пятидесятипятилетняя Яха Джабраилова и двадцатипятилетняя Т. Цамаева. Еще одна из пострадавших, беженка из села Чишки Малика Сулейманова, скончалась от полученных ран некоторое время спустя. Кроме того, были

ранены пять человек, в том числе двое детей Дадаевых, находившихся в легковой машине «Жигули»: девочка шести лет получила травму черепа, находилась без сознания девять суток, но чудом выжила; трехлетний мальчик был легко ранен и контужен, из больницы его выписали раньше времени в связи с большим наплывом раненых. Хозяин этого автомобиля, сорокапятилетний Мехкан Хамзатович Апаев, получил тяжелое ранение – до сорока крупных и мелких осколков, ожоги, контузию.

Следует отметить, что хирургическое отделение Староатагинской участковой больницы (заведующий – Андарбек Бакаев) продолжало работу на протяжении всего периода военных действий, несмотря на неукомплектованность штата и нехватку медикаментов.

5 ноября в результате ночной бомбежки на северной окраине села были частично разрушены мельница, кирпичный и плиточный цеха, уничтожены две частные автомашины. На следующий день в результате обстрела с воздуха получили серьезные ранения два человека, ехавшие по трассе на автомобиле.

Днем 12 ноября ракетным ударом были повреждены несколько домов на улицах Почтовой и Шоссейной. При этом получили ранения местная жительница Асет Мугаева и женщина-беженка.

18 ноября два истребителя устроили над селом Старые Атаги «показательное выступление», демонстрируя фигуры высшего пилотажа. Многие жители, выйдя на улицу, наблюдали эту картину. В какой-то момент самолеты предприняли «психическую» атаку: резко сбросив высоту, пошли в пике на село. Напуганные люди, в основном ребятишки и женщины, в панике бросились в подвалы, но удара не последовало. Зато на южной окраине села в этот день два вертолета выпустили весь боезапас по мельнице.

29 ноября, около 12 часов дня, был нанесен бомбовый удар по карьеру на севере села. Двадцатидвухлетнему Сайд-Магомеду Эльмурзаеву, находившемуся на работе, оторвало ногу. Ночью он скончался в больнице. На следующий день на трассе у села «точечным ударом» была уничтожена легковая машина. Водитель и пассажиры остались живы благодаря тому, что вовремя выскочили из автомобиля, увидев, что самолеты, развернувшись, идут в атаку.

24, 25 и 30 ноября в сообщениях пресс-службы Министерства обороны РФ в перечне населенных пунктов, «в окрестностях которых ударами авиации нанесено поражение скоплениям боевиков, их технике и базам», есть и Старые Атаги.

По мере приближения российских войск главной заботой местной администрации и старейшин стало сохранение села от разрушения, а населения – от уничтожения. Имам мечети и авторитетные сельчане обращались с призывами к молодежи не совершать провокационных действий, могущих привести к тяжелым для села последствиям.

Между тем, в начале ноября ситуация в Чечне рассматривалась в Страсбурге на сессии Парламентской Ассамблеи Совета Европы. В своей резолюции от 4 ноября 1999 ПАСЕ призвала Российскую Федерацию не применять авиационные бомбардировки против гражданского населения, прекратить огонь и начать мирный диалог с избранными властями Чечни. Ассамблея призвала также к тому, чтобы все лица, виновные в совершении террористических актов, нарушениях прав человека и похищении людей, были призваны к ответственности в судебном порядке, а все заложники немедленно освобождены. До этого, в октябре, к тому же призывал Европейский парламент.

Примечания

[10] Подробно см.: Орлов О. П., Черкасов А. В. «Точечные удары»: Неизбирательное применение силы федеральными войсками, сентябрь-октябрь 1999 г. М.: Звенья, 1999.

[11] Например, в Северную Осетию была направлена следующая телефонограмма:

«Министру внутренних дел Республики Северная Осетия – Алания генерал-майору внутренней службы Дзантиеву К. П.:

«В связи с обострением обстановки, командующий Объединенной группировкой федеральных сил "Запад" генерал–майор Шаманов приказал закрыть проезд и проход автотранспорта и гражданских лиц с территории Чеченской Республики на территорию Республики Ингушетия и РСО–А через КПП и КПМ».

Резолюция замминистра внутренних дел Северной Осетии была такова: «Самый жесткий режим. Ни одна машина не проходит, ни одна!»

[12] Понятие «гуманитарный коридор» в строгом смысле включает в себя систему безопасных маршрутов, которые не подвергаются обстрелам и бомбардировкам. Население должно быть оповещено о таких маршрутах. Тем, кто не может выйти самостоятельно, должна по возможности ока-

зываться помощь транспортом. Эти условия не выполнялись: российская артиллерия постоянно и неизбирательно обстреливала и бомбила дороги Чечни. Для беженцев в лучшем случае открывалась «форточка» на границе, безопасных путей к которой не было. Усилия по вывозу беспомощных людей не предпринимались вообще, за исключением эвакуации обитателей дома престарелых в Грозном силами МЧС Ингушетии в декабре 1999 г.

[13] Организацией КПП «Кавказ-1» руководил командующий группировкой федеральных сил «Запад» генерал-майор В. Шаманов, который назначил начальником КПП своего подчиненного, полковника-танкиста А. Хрулева.

[14] КПП «Кавказ-1» был открыт для прохода людей и проезда машин из Чечни лишь 2 ноября 1999 г.

[15] В октябре 1999 г. поступление электроэнергии и газа в Чечню по российским линиям электропередачи и газомагистралям было прекращено.

Правозащитный Центр «МЕМОРИАЛ»

Бомбардировка «гуманитарного коридора» 29 октября 1999 года на трассе Москва – Баку, на границе с республикой Ингушетия

Свидетельствует Исаева Медна Чучуевна
(Записано Базаевой Либхан 24 апреля 2000 года со слов Исаевой Медни)

«Работала я в наркологическом диспансере заместителем главного врача по экономике. Я несколько раз слышала, что 29 октября дадут коридор для беженцев. 28 октября я и мои родственники приехали к посту рядом со станицей Ассиновской, по трассе, ведущей в г. Назрань, для того, чтобы уточнить время открытия коридора. На этом посту военные ответили нам, что коридор дадут 29 октября, то есть завтра. Об этом слышали многие люди, которые стояли на этом посту.

Поверив этому, мы все, родственники 14 человек, на машине «Рафик» выехали из Грозного в направлении города Назрань. Приблизительно в 6 часов или в половине 7-го часа утра мы подъехали близко к блокпосту «Кавказ-1». Там уже была очередь из машин длиною 1 километр. Мы пешком прошли к военным. Они ответили нам, что к 9 часам должны подвезти приказ, что они ждут его, чтобы начать пропуск беженцев. Небо было пасмурное, шел мелкий дождь. И пока были тучи, военные говорили, что все еще ждут приказа. Уже было 11 часов, тучи разошлись, и небо стало ясным. После этого один из военных вышел к толпе людей и сказал: «Коридор для беженцев сегодня открыт не будет и точной информации о том, когда он будет открыт, мы не имеем».

Машины стали разворачиваться назад, а между машинами люди шли пешком. Колонна двинулась назад, но очень медленно, потому что машины шли в несколько рядов и не могли разворачиваться быстро.

Когда солнце выглянуло, мы увидели в небе самолеты. Они спокойно развернулись над колонной и стали бомбить машины с беженцами. Первый удар на моих глазах был нанесен по большой машине с вещами и беженцами, по рефрижератору. Следующий слышен был сзади. Водитель остановил машину, и мы стали выскакивать. Первыми выбежали мои двое детей, следом выскочила сноха. Всех троих на моих глазах отбросило взрывной волной на обочину трассы. Меня осколком отбросило назад в машину, ранило в правое предплечье. Когда я пришла в себя, я вылезла из машины и подбежала к детям, они уже были мертвы. Погибла сноха, осколок попал в сердце. Кругом лежали раненые, трупы. Пока самолеты полностью не сбросили свой груз, они несколько раз разворачивались и сбрасывали бомбы на нас, то есть на колонну беженцев протяженностью 12-14 км.

Где-то около часу дня мы выехали домой, отправили раненых на одной машине в больницу, и другую с трупами. Раненых вывезли в Атаги. Их обрабатывали и оправляли домой, поток раненых не прекращался, и оставлять их в больнице было невозможно, так как боялись обстрела. Через неделю нас вывезли в Назрань, где мы долечивались.

Чтобы получить свидетельства о смерти на своих детей мне пришлось подавать в Назрановский суд, так как нужны были доказательства, что они погибли при обстреле российскими самолетами. Затем в Москве я подала жалобу в Европейский суд по правам человека».

Свидетельствует Шапиева Зара Авгановна
(показания также подписали: Шапиева Ханифат Джамулаевна, Шапиев Авган Магомедович)

«Мы жили в Грозном, когда по радио и телевидению передали, что 29 октября 1999 года будет открыт коридор для беженцев. Тогда еще наш родственник и сосед Юсупов Дашалу сказал, что нам еще осталось ждать 6 дней до открытия коридора для беженцев. Но 27 октября Октябрьский район бомбили так сильно, что мы потеряли надежду остаться в живых. Вообще мы отсиживались в подвале дома. В этот день ударной волной бомбы меня отбросило, и я упала в открытый канализационный люк. Я получила травму колена. Моя мама с трудом вытащила меня из люка и перенесла в подвал дома.

В тот день мы решили не ждать открытия обещанного коридора и выехать в село Старые Атаги к родственникам, и уже оттуда 29 октября выехать в сторону Ингушетии.

Так, вечером 28 октября пять человек (наши родственники – Юсупов Дашалу, 1930 г. р., его жена Юсупова Арпат, 1936 г. р., мои родители: Шапиева Ханипат Джамулаевна, 1935 г. р., Шапиев Авган Магомедович, 1926 г. р., и я, Шапиева Зара Авгановна, 1957 г. р.), спешно уехали в село Старые Атаги на машине «Жигули» к нашим родственникам Башировым. На второй машине с женой ехал сын Юсуповых Рамзан. Мы благополучно туда доехали и ночь с 28 на 29 октября провели у них.

29 октября в 5 часов утра мы на двух машинах выехали по трассе, ведущей в Слепцовск в Ингушетию. Мы приехали рано, наша очередь была 187 или 188. Людей и машин было очень много. Машины стояли в три ряда. Мы ждали до 10 часов. После 10 часов объявили, что коридор открыт не будет. Машины стали разворачиваться, создалась пробка и машины разворачивались очень медленно. Огромное число машин двигалось очень медленно.

Около 12 часов дня неожиданно произошел какой-то удар. Когда я пришла в сознание, я увидела, что моя мама слева от меня, вся в крови, а моего отца, который сидел впереди, не было вообще, наша родственница Арпат Юсупова тоже была вся в крови. Юсупову Дашалу оторвало руку, и он уже был без сознания. Живыми и в состоянии двигаться были я и Арпат Юсупова. Мы стали вытаскивать из машины раненых, мою маму и Юсупова Дашалу. В этот момент я увидела своего отца, лежащего у обочины дороги.

Мы с Арпат стащили раненых в канаву (в кювет) вдоль дороги.

В этот момент я увидела, снаряд попал в проскакивающую машину, и эта машина разлетелась на куски. Слышны были разрывы бомб. Когда самолеты пролетели, я выбежала из канавы, искала помощи. Мне нужна была машина, чтобы вывести раненых. Но кругом была паника. На всей дороге, на асфальте лежали убитые и раненые, куски человеческих тел, человеческого мяса. Сзади, немного дальше, стоял разбитый автобус. Мне запомнился мертвый водитель автобуса. Руки его держали руль, а головы не было. Люди бежали от дороги прямо по полю: так много было женщин и детей на этом поле.

Я бегала по дороге, звала на помощь. В этот момент со стороны Шаами-юрта ехала машина «Нива». Она возле меня остановилась. Двое молодых мужчин выбежали из нее и помогли мне. Они забрали всех моих раненых в Урус-Мартан. Для меня не хватило места в машине, и я осталась на дороге. Тут, к счастью, подъехал Рамзан, который, оказывается, проскочил чуть раньше бомбового удара. Он отвез меня в больницу Урус-Мартана. Из Урус-Мартана мы родных перевезли в больницу в Старые Атаги. Моя мать через 8 дней умерла в больнице 9-го ноября 1999 года, отец умер 25 января 2000 года. Дашалу умер не приходя в себя, через два дня, 2 ноября 1999 года. Юсупова Арпат была ранена легко, она осталась живой. Я была ранена мелкими осколками. Раны мои медсестра обработала, я продолжала смотреть за ранеными, пока они не умерли.

Я никогда не забуду этот кровавый день, эти куски человеческих тел, которые лежали на всей дороге, этот дикий женский крик, который стоял на дороге. На дороге вокруг меня было очень много мертвых тел. Мы похоронили своих троих.

Я считаю это целенаправленной расправой над людьми. Сознательно созвали людей, объявляя по телевидению и радио об открытии гуманитарного коридора, чтобы люди сконцентрировались в одном месте, и хладнокровно их убили самолетами, стремясь убить как можно больше.

Сейчас я живу в Кантышево, по улице Джабагиева, 22, в доме Дзаурова Бисолта, который бескорыстно пустил нас в дом и помогает нам по сей день. Сначала мы жили у Дзаурова Ахмеда, он также нам помог».

Свидетельствуют Юсупова Зина Абдулаевна, Юсупов Дашалу из колонны беженцев у села Шаами-юрт 29 октября 1999 года

Мы выехали из Грозного 29 октября в колонне беженцев на микроавтобусе. Нас было 12 человек и грудной ребенок (2 мес.) Часов в 8 утра мы были у границы с Ингушетией. Впереди было не больше десяти машин. Водитель вышел и отправился к солдатам, чтобы спросить, будут пропускать или нет. Ему ответили, что границу откроют часов в девять. Стояли до десяти, только потом сказали, что границу не откроют, и нам надо возвращаться назад.

С утра был дождь, но к 11-ти часам прояснилось. В это время мы окончательно поняли, что нас не пропустят, все стали разворачиваться и уезжать. Создалась пробка, поэтому ехали очень медленно, буквально со скоростью пешехода. Колонна была длиной 12 километров. Подъезжая к Шаами-юрту, мы увидели два самолета. Они начали пускать тепловые ракеты. Я предположила:

– Может, это они нас собираются бомбить?

Мадина ответила:

– Нет, это, наверное, боевики где-то. Не станут же они бомбить колонну беженцев.

Но не прошло и пяти минут, как ракета попала в водителя машины, идущей впереди. Он, видимо погиб сразу, потому что машина развернулась очень резко. Мы выскочили из своей машины (Илона, Сайд-Магомед и я). И тут опять взрыв, и я почувствовала, что меня, как будто сильно сжало.

Когда я начала приходить в себя, то увидела, что дети лежат мертвые, взявшись за руки. Я встала и смотрела на них, ничего не понимая. В кювете были люди, они затащили меня к себе. Потом было еще 8 таких ударов. Люди кричали: «Ложись!», но мне казалось, что если я лягу, то у меня оторвет руку или ногу. Потом я опять выскочила на дорогу и увидела, что Мадина лежит на трупах своих детей. «Иди сюда!» – крикнула я, но Мадина ответила: «Нет, я хочу умереть вместе с ними!». Там лежала еще женщина. У нее была рана в груди и оторвана нога.

Микроавтобус остался цел. Из тех, кто ехал в автобусе, погибли Илона и Сайд-Магомед, дети Мадины. Были раненые: Мадина в предплечье, у меня было сквозное ранение в шею, касательное ранение руки, осколочное ранение в бедро; Магомед, племянник Мадины, был ранен осколком в спину; у Асланбека были сквозные ранения обеих ног; мать Магомеда была контужена.

Трупы детей Илоны и Сайд-Магомеда мы собирали под обстрелом. Мальчик погиб от раны в живот, а девочка была без головы, левая нога была полностью раздроблена. Забрали раненую женщину Асму. По дороге она умерла. Асланбек – это ее сын. Умерла еще одна женщина, наша соседка. Ей осколок попал в сердце и вышел из спины. Везде лежали куски мяса и одежды: и на дороге, и на деревьях...

Нам кажется, что пробку создали нарочно».

Свидетельствует Базаева Либхан.
15 апреля 2000 года, г. Назрань

Я, Базаева Либхан, жила в городе Грозном, по улице Калужской, 56. После того, как Старопромысловский район города Грозного был, подвергнут бомбардировке и обстрелян ракетами «Земля – земля», оставаться в городе было равносильно смерти, и мы всей семьей решили выехать из города. По радио и телевидению, по телеканалам ОРТ и РТР шли сообщения, что 29 октября открываются гуманитарные коридоры для выхода беженцев.

Так как бомбардировки города носили массированный характер, мы уехали из города 26 октября, приехали к своим родственникам в село Гехи, и там ждали наступления 29 октября. По радио и телевидению, в течение двух недель передавали, что 29 октября будет открыт коридор для беженцев. В этот день, после 5 часов утра, мы выехали на трассу, ведущую в Назрань. Когда мы приехали на место, наши машины были в колонне 384 и 385-ми. За нами выстроилась очередь машин в 3-4 раза больше тех, которые были впереди. По нашим подсчетам машин в колонне было гораздо больше одной тысячи. Колонна состояла из легковых машин, грузовых автомобилей, больших и маленьких автобусов.

Люди задавали военным вопросы о времени открытия коридора. Сначала они говорили, что коридор будет открыт в 9 часов. Затем ответы стали неопределенными. Они говорили, что они сами не знают, что офицер куда-то поехал для решения вопроса, что они ждут только команды, приказа. И уже намного позже, к толпе людей у самого блокпоста вышел военный, вероятно, это был офицер, и объявил, что сегодня коридор открыт не будет и неизвестно когда он будет открыт. Он в приказном тоне заявил, чтобы люди немедленно уезжали с поста и освободили дорогу. Возмущенные и растерянные люди медленно стали разворачивать свои машины в обратном направлении. Колонна шла медленно, с трудом, потому что машины стояли в три ряда, то и дело образовывались пробки.

Дождь, который накрапывал с утра, прекратился, небо очистилось от туч, и выглянуло солнце. Было уже больше 11 часов, когда наши машины проехали мимо села Хамби-ирзи, и подъезжали к селу Шаами-юрт. Мы ехали на двух машинах: белая машина «Жигули» и «УАЗ» синего цвета.

Я с мужем и его товарищем находилась в первой машине, во второй ехали мой сын, двое племянников мужа и жена одного из них. Так получилось, что наш «УАЗик» отстал от нас на несколько машин. И вот, когда мы подъехали к небольшому мосточку вблизи Шаами-Юрта, неожиданно раздались удары-взрывы. Нашу машину отбросило к левой обочине, все стекла разлетелись. На меня со спины, через заднее стекло обрушилась масса битого стекла, земли и камней. Мы выскочили с машины. Я поняла, что первая из четырех бомб упала за нашей машиной сзади и, так как мой сын со своими двоюродными братьями ехал где-то позади, я кинулась назад, чтобы искать его. Я видела что все, кто может двигаться, или притаились в кюветах вдоль дороги, или бежали по полю подальше от шоссе. Вероятно, я была в шоковом состоянии, потому что я не чувствовала ни страха, ни ужаса в тот момент. Я просто хотела найти машину сына, добежать до него. И вот, когда я, задыхаясь, бежала по этой дороге, я увидела: первой стояла красная машина «Жигули», в ней сидел за рулем убитый или раненый мужчина, женщина рядом с ним кричала о помощи. Дальше был большой автобус типа «Лаз», его задняя почти 1/3 часть была полностью отсечена, и на дороге лежали тела убитых и раненых людей, в передней части автобуса на сидениях оставались раненые или убитые в неподвижной позе. Дальше стояла темно-серого цвета машина типа «Скорой помощи», которая была сверху вскрыта, как консервная банка. Рядом с этими двумя машинами на всю ширину лежали тела людей, многие были расчленены на куски. Я видела отдельно руки, ноги. Дальше с правой стороны дороги был «КАМАЗ», я не видела, что было за его бортами, но из щелей кузова потоком текла кровь. Я пробежала, наверное, около ста метров, и на этом участке, по моим представлениям, лежало, наверно, от 40 до 50 трупов.

Когда я подбежала к машине своего сына, я увидела его вылезающим из кювета с раненым ребенком на руках, это была девочка от 7 до 9 лет. Я видела, что она ранена смертельно, у нее полностью разбит весь затылок. Он положил ее в свою машину и крикнул мне: "Мама, я отвезу ее в Ачхой-Мартановскую больницу». В это время из кювета показался молодой парень, он крикнул: «Тут еще девушка ранена, заберите ее». Мой сын с двоюродными братьями подхватили раненую девушку и также отнесли ее в машину. Парень, который указывал на нее, также был ранен в руку, но он стоял на ногах. Его также посадили в машину, и они развернулись быстро в сторону Ачхой-Мартана. Все это произошло очень быстро, я только успела им крикнуть, что мы живы, но у нас проколоты задние колеса машины.

Они уехали с ранеными, я побежала обратно к машине, опять наблюдая по дороге убитых и раненых. Мы посадили в свою машину какую-то старушку, которая металась в поисках помощи, решили съехать с дороги, так как самолеты могли вернуться в любую минуту. Кое-как «на дисках» мы добрались до Шаами-юрта и заехали в село. Сельчане выскочили нам навстречу, они быстро принесли откуда-то два колеса и поменяли нам наши пробитые. После этого мы по проселочной дороге уехали в Гехи, откуда мы утром выехали на дорогу. Мы не успели с сыном ни о чем договориться, но надеялись, что он из Ачхой-Мартановской больницы догадается приехать в Гехи, не выезжая на трассу. Мы стали его ждать, но он не ехал. В это время мы видели, что самолеты вновь и вновь залетают над трассой и бомбят практически через 10-15 минут. В таком напряженном ожидании прошло 6 часов, и мы внутренне приготовились к самому худшему. Когда уже стемнело, и самолеты перестали летать, после 7 часов вечера они появились во дворе, без машины, в изорванной одежде. И рассказали нам, что случилось.

Оставив раненых в больнице, они вернулись на трассу, помня, что мы остались с разбитой машиной на дороге. Когда они доехали до Хамби-ирзи, они увидели, что над ними залетают самолеты, и выскочили из машины, бросились в кювет, из машин, которые ехали за нами, также выбежали люди. Первый удар уничтожил нашу машину, второй – попал по кювету с другой стороны дороги, где, пытаясь спастись, прятались люди из других машин. Они поняли, что самолеты будут залетать еще и еще, и охотиться за людьми, и они стали делать перебежки из одной ямы в другую в сторону села Хамби-ирзи. Так они добежали до

Хамби-ирзи и спрятались там в подвале какого-то дома. Ждали до 6 часов вечера, пока бомбежка не прекратилась, и после этого пешком вернулись в Гехи. Машина наша была уничтожена полностью, прямым попаданием, вещи (одежда, постельные принадлежности), естественно, были уничтожены.

Вот таким образом мы чудом остались живы среди сотен убитых.

Бомбардировка «гуманитарного коридора» для беженцев началась в 11 часов 30 минут и закончилась только после 6 часов вечера.

Свидетельские показания собраны сотрудниками Правозащитного Центра «Мемориал»

Расстрел «гуманитарного коридора» 29 октября 1999 года, со слов очевидца
(Асет Мажаева (Гехоева), очевидец расстрела колонны беженцев)

С того трагического дня прошло почти четыре года, но и сегодня этот день свеж в памяти, как если бы это было вчера...

Я с сестрой и подружкой собирались в этот день выехать в Назрань. 27 октября началась бомбежка города Грозный, которая длилась до самого вечера, а 28 октября бомбить начали с самого утра, но мы уже были в дороге, уезжая из города в село. Мы приехали в село Гехи, чтобы утром 29 октября выехать в город Назрань, Ингушетия. Уже две недели все СМИ России объявляли, что 29 октября будет дан «гуманитарный коридор» для желающих покинуть Чечню, где уже вовсю бушевала необъявленная война. Недели за две до этого числа были закрыты все дороги из Чечни, и через 3-4 дня стали объявлять: «Все желающие уйти из республики от бомбежек будут иметь возможность выехать из республики 29 октября во все стороны». Это значит: на Ставрополь, Дагестан, Ингушетию. Также было сказано, что все оставшиеся дома будут считаться бандитами или их пособниками.

Поэтому сотни тысяч людей, собрав все самое дорогое, потянулись в дорогу, стараясь избежать участи остающихся. Но мы все забыли, что мы – чеченцы. Это значило, что весь чеченский народ, от мала до велика, был зачислен в бандиты. «Народ – бандит!», и мы по своей наивности еще не понимали этого.

Итак, на трассе Баку – Ростов утром 29 октября 1999 года уже стояла очередь из автомашин в 3-4 ряда протяженностью в 12 км. Это мой знакомый рассказал мне в апреле 2000 года, когда я уже работала в «Мемориале». Так, впервые через полгода, узнала, что в этот день были расстреляны колонны беженцев на всех дорогах Чечни, так как дороги были запружены машинами с людьми и скарбом, которые стремились выехать за пределы республики. С собой люди брали все самое лучшее, самое ценное. Многие, понимая, что будут очереди, ночевали на трассе.

Нас в этот день никуда не отпустили братья, сказав, что уехать мы еще успеем, что еще не известно, откроют дороги или нет. Это, я думаю, спасло нам жизни.

Помню, как сегодня, с утра стоял густой туман, и сама не понимая почему, я была очень рада ему. А на душе было очень неспокойно. С утра приехал брат подруги, и, выяснив, что мы не уезжаем, выехал в село Закан-Юрт, где они остановились с матерью. Туман уже рассеивался, и моя тревога почему-то усилилась.

И вот, к 11 часам туман совсем рассеялся, а в небе появилось два самолета. Они совсем низко пролетели над селом, и за окраиной, спикировав, выпустили куда-то по две ракеты. Затем взвились в небо, но как оказалось только для того, чтобы в новом пике выпустить следующую пару ракет. Они улетели, но следующая пара самолетов не заставила себя долго ждать. Они летели в сторону села Шаами-Юрт и было слышно, как разрываются ракеты и бомбы. Напрямую расстояние между селами Гехи и Шаами-Юрт всего 3-4 км. Подруга разволновалась, так как брат уехал по той дороге. Я успокоила ее, как могла, объяснив ей, что стрелять по дороге они не будут, что это стреляют, наверняка, по полям или по лесам. Хотя сама знала, что дороги часто обстреливались самолетами и до этого. По своей работе мне часто приходилось видеть расстрелянных на дорогах людей.

Но в этот день не хотелось верить в такое, так как я знала, что дорога заполнена машинами и людьми. Наш сосед ездил на границу с утра и, выяснив, что границу не откроют, вернулся домой. Он рассказывал, что с великим трудом ему удалось выбраться с трассы.

А самолеты все летели и летели. Нам казалось, что они бомбят «армию» Масхадова. Часам к 14-15 обстрел прекратился, и еще через полчаса до нас дошла страшная весть. Мы узнали, что на трассе, у села Шаами-Юрт, расстреляна колонна беженцев. Но, конечно, мы и в страшном сне не могли представить себе масштабы произошедшего. Погибло очень много людей, еще больше было раненых. И по сегодняшний день нет возможности выяснить точное число погибших.

Но я надеюсь, что все-таки это удастся выяснить когда-нибудь.

Сельчане после обстрела увозили раненых в больницы, а трупы забирали в мечеть, чтобы предать земле. Но многие сами забирали трупы своих близких, чтоб хоронить их на своих кладбищах. И мало кто узнал тогда об этом преступлении, да и мы тоже думали, что это было страшным недоразумением. Но как потом выяснилось – это было далеко не так.

Страшное недоразумение оказалось страшным преступлением конца XX века. Это преступление было заранее продумано и подготовлено. Об этом говорят неопровержимые факты:

Из Чечни закрыли все выходы, в то же время подвергая обстрелам и бомбежкам города и села республики, а также задействовав ракеты системы «Земля – Земля» и «Скад».

В то же время и по телевидению, и по радио начали передавать объявления о том, что именно 29 октября будут открыты все дороги за пределы республики. И как тогда говорил В. Рыжков: «Пусть берут самое необходимое и уходят от бомб и снарядов за пределы республики, а мы будем бомбить, дабы уничтожить бандитов».

Так людей подготовили к тому, чтобы они захватили с собой самое ценное и необходимое и покинули свои дома и республику, а военных – к тому, чтобы они были готовы перехватить то, что будет у этих людей, не говоря уже о том, что останется дома. Так российская военная машина просто и откровенно совершала свое очередное преступление против человечности.

Колонны беженцев в тот день были расстреляны на всех дорогах республики. Я точно могу утверждать, что расстреливались в тот день именно колонны беженцев, а не случайные машины на дорогах, как это было до сих пор.

Колонны машин, с вывешенными белыми флагами, со стариками, детьми и женщинами, а также отцами семейств – гражданские люди без оружия.

В разговорах с пострадавшими и очевидцами тех событий я пришла к заключению, что это был заранее продуманный, цинично и хладнокровно осуществленный акт убийства простых людей и последующего их грабежа.

Ахмед (имена изменены по известным причинам), у которого погибли близкие, рассказывал, что за два дня до этого события он возвращался домой по Петропавловскому шоссе, когда снаряд разорвался на дороге прямо перед его машиной. Он еще не успел понять, что происходит, как следующий снаряд чуть не угодил во встречную машину. А третий снаряд упал на обочину дороги. Тогда, конечно, он ничего не понял, но когда через день, 29 октября, уезжая с семьей в Хасавьюрт, попал под обстрел уже в колонне с беженцами в том же самом месте, Ахмед все понял: федералы пристреливались, готовясь к этому расстрелу.

Сацита, слушая на базарчике рассказ молодого солдата о расстреле колонны беженцев, еще не знала, что из их семьи там погибло семеро человек. Солдат со слезами на глазах рассказывал чеченским ребятам о том, что их заставили расстреливать женщин, детей и стариков, прямой наводкой из дальнобойных орудий, под угрозой расстрела. Он у чеченцев спрашивал: «Как мне жить дальше, ведь они мне по ночам снятся, они молят меня о помощи, я слышу их крики».

Зина, которая потеряла там же мать, говорила мне, что она 2 декабря 1999 года разговаривала с военными, первыми вошедшими в город Аргун о том расстреле. Военный в звании майора сказал ей, что это они расстреливали ту колонну. Но он, конечно, не сказал о том, кто отдавал этот приказ, ни номер части, ни имя.

А мой муж со старшей дочкой и двухлетним внуком, чудом уцелел в тот день на Червленском мосту, где машины с людьми расстреливались с вертолетов. У них на глазах сгорели две машины с людьми.

До сих пор неизвестно, сколько людей в тот день погибло на дорогах Чечни. А гибли люди разных возрастов и национальностей.

Ни ООН, ни ПАСЕ, и ни одно Правительство в мире по сегодняшний день не сказали ни слова в осуждение этого страшного преступления века.

Но чеченский народ твердо верит, что придет час расплаты для всех виновных как в этом преступлении, так и в других военных преступлениях.

Ведь военные преступления не имеют срока давности.

Дорога
(Зара Д., Чечен Таймс, июль 2004 г., Королевство Нидерланды)

Дорога. Машины разных марок, грузовики, «Камазы» груженные домашним скарбом. В кузовах, поверх вещей, на одеялах, матрасах сидят женщины, старики, дети. На одной из машин среди вещей колченогий стул, как символ абсурда происходящего. Внезапно появился звон в ушах, яркие молнии перед глазами. Звон нарастает, все громче и громче. Несколько штурмовиков СУ с ревом и свистом несутся на нас. Я пригибаюсь. Сейчас начнется! А–А–А!

Я просыпаюсь в «ледяной» испарине, не хватает воздуха, словно на горло наступили тяжелым кирзовым сапогом, голова туго затянута в обруч. Надо мной склонились Армен и Марго.

– Что с вами, вы так стонете?!

– Ад приснился, – едва слышно ответила я и беззвучно заплакала. После короткой остановки мы продолжали путь, но я кроме дороги ничего не видела. Я не понимала, что происходит, где собственно нахожусь, почему со мной в машине чужие люди? Кто они? Ощущение продолжения сна не покидало меня, перед глазами стояла дорога, страшная дорога 29 октября 1999 г.

Мы выехали в Назрань около 8 часов утра на двух машинах. В одной ехали два сына Авалу, в другой Авалу с женой Амнат, Тухан с женой Седой и я. Авалу с Туханом впереди, мы – женщины сзади. Грозный бомбили ежедневно, оставаться в городе было опасным. После обстрела 21 октября тактическими ракетами «Земля – земля» центрального рынка, центрального роддома и мечети в поселке Калинина, где погибло много мирных жителей, люди в панике бежали из Грозного, даже те, кто твердо решил остаться на этот раз охранять свой дом, свое имущество. Они помнили, как в первую войну вернулись к разграбленным домам. Российские солдаты ничего не оставляли, грабили, что не могли унести, в лучшем случае, простреливали (мебель, холодильники, телевизоры и т. д.), чаще поджигали или взрывали дома после разграбления. За 3 года между первой и второй войнами многие на месте разрушенных домов построили новые, вновь купили мебель, домашние вещи.

– Мы останемся дома, если начнется новая война, будем охранять свой дом, не строить же его в четвертый раз?

— говорили мои знакомые и родственники. Они еще не знали, что их ждет на этот раз!

Дагестан беженцев-чеченцев не принимал, на севере в Притеречье шли ожесточенные бои. 27–28 октября Грозный интенсивно бомбили,- люди сутками не выходили из подвалов. По радио передавали, что 29 октября будет открыт коридор по трассе Баку – Ростов для желающих выехать из Грозного. Люди начали собираться в дорогу, искать машины – надо было спасать жизни! Я с родственниками решила ехать в Назрань по трассе Баку – Ростов, чеченцы назовут ее «дорогой жизни», но для многих она станет «дорогой смерти».

Выехали утром 29 октября. Ехали медленно, больше стояли. Около 14 часов проехали мост около села Шаами-юрт. Кто–то сообщил, что КПП» Кавказ» закрыт, пропуск машин прекращен. Чтобы не остаться на ночь на трассе, решили вернуться домой, а на следующий день, рано утром выехать вновь. Попытки развернуться кончились неудачей — машины плотно стояли друг к другу, в 4 ряда. Колонна растянулась на несколько километров. Водители машин ругались, выясняя, кто кому мешает. Образовалась 'пробка'. Позднее выяснилось, что в конце колонны поперек дороги стоял «Камаз», который закрыл обратный проезд машин. Таким образом, колонна оказалась в «западне». Вдруг над головой со свистом пронеслись штурмовики СУ–25. Летели так низко, казалось, «пропашут» крыши автомашин. Мы оцепенели и не успели выскочить из машины. Где-то, совсем рядом, прогремело несколько взрывов. Машину встряхнуло, Авалу, сидящий за рулем, стеклянными глазами смотрит на оголенную кость левого бедра, нога медленно сползает вниз, на кости остаются обрывки мышц, кожи, из культи фонтанирует кровь, заливая дно машины.

– Я ранен, у меня кровь на груди, – задыхаясь, кричит Тухан. Его лицо залито кровью от осколков разбитого ветрового стекла. Слева, сбоку на рубашке увеличивающееся огромное кровяное пятно. Мы с Амнат выскочили из машины, стали кричать:

– Помогите! Помогите!

Нас не слышали. Стоял шум разрывов снарядов, автоматной стрельбы, крик обезумевших людей, стон и крики о помощи раненных. Бомбардировщики делая все новые и новые заходы, «обрабатывали» колонну. Наконец, бомбардировщики улетели. Над колонной стоял стон, крики, горели машины, все хаотично двигалось. Стали выносить раненных и укладывать их на обочину дороги. Перетянув бедро выше культи какой-то тряпкой, мы с Амнат вытащили из машины Авалу. Его состояние было критическим: он был бледным, черты лица заострились, лицо покрыто крупными каплями холодного, липкого пота. Он тихо стонал, часто дышал. Я пощупала пульс на руке. Пульс едва определялся, частил - невозможно было сосчитать. Шок!!! Что делать?! Под рукой нет обезболивающих средств, нет растворов для внутривенного вливания. Прибежали два его сына, они ехали на 200-300 метров впереди нас, к счастью, не пострадали.

— Быстро машину, Авалу надо срочно доставить в ближайшую больницу!

Тухан задыхался. Ему осколок попал в грудь. Он сидел впереди, рядом с Авалу. Я туго перетянула грудь в несколько раз сложенной простыней, взятой из вещей рядом стоящего грузовика. Из машины вытащили с трудом, в мае он перенес инсульт, у него плохо работали правая рука и нога. Его жена Седа оставалась на заднем сидении, казалась спокойной и безучастной к происходящему, но ее большие, красивые глаза выражали какую-то обреченность.

— Зара, меня, кажется, тоже задело - сказала она, держась обеими руками за живот после того, как мы вытащили мужчин из машины. Я осмотрела живот, было небольшое входное отверстие с неровными краями. Наружного кровотечения не было, состояние на первый взгляд не было критическим. Здесь меня позвали к другим раненным. Я не помню, кому и как оказывала помощь, если это можно вообще назвать помощью — без кровоостанавливающих жгутов, перевязочного материала, обезболивающих средств, противошоковых растворов. В памяти осталось: обезображенные трупы, оторванные конечности, головы, кровь, крики, хаос, звон в ушах.

Наконец, удалось наладить вывоз раненых в близлежащие больницы. Авалу мы довезли, ему обработали культю, но через 2часа он умер от потери крови. Тухану и Седе оказали первую помощь и отправили в г. Аргун. Раненых было очень много. В Урус–Мартановской райбольнице их рассортировали, так как не хватало хирургов, операционных, медикаментов. Раненых, у которых операцию можно было отсрочить на 1-2 часа, отправляли в другие населенные пункты – Старые Атаги, Аргун, Шали.

Я поехала с родственниками. Тухану и Седе сделали операции. Тухан умер на второй день, а Седа скончалась на четвертые сутки внезапно. Сколько погибло в тот день, никто не знает. Это был единственный коридор для выезда из Чечни, и поэтому там были беженцы со всех населенных пунктов. Погибших родственники увезли в свои села, а раненных рассортировали кого куда. Наши погибшие родственники числятся в живых. Официальные российские военные факт обстрела беженцев вначале опровергли, но через несколько дней, после публикаций в газетах «Новая газета», «Московские новости», сообщили, что была уничтожена колонна боевиков: «уничтожено 2 грузовика с боевиками».

Напрасно я задавала себе вопрос – «Кто отдал приказ бомбить колонну беженцев?» Впоследствии узнала, что в этот день была обстреляна также колонна беженцев на Петропавловском шоссе. Людей, оставшихся в живых, расстреливали снайперы с близлежащих к дороге сопок, а в это время русская солдатня грабила беженские машины с имуществом. Несомненно, это была спланированная операция по уничтожению мирного населения.

– Нам приказано стрелять по всему, что движется, даже в ребенка в коляске! – рассказывали раненые солдаты в первую войну. Не думаю, что в эту войну они получили приказ соблюдать международные конвенции о гражданском населении. По генералу Трошеву, в то время главнокомандующий объединенной группировкой войск в Чечне, давно скучает Гаага. Сидеть рядом с Милошевичем, а не мемуары писать.

Бессмысленная жестокость и маниакальная ненависть русских к чеченцам, описанная Л. Н. Толстым в повести «Хаджи-Мурад» и через 150 лет не уменьшилась.

В селе я пробыла, пока не закончились похороны родственников. Спать я уже не могла, лишь засыпала, перед глазами вставала одна и та же картина: дорога и бомбардировщики, несущиеся на нас. Как только они начинали ракетный обстрел, я просыпалась. Не помогали и снотворные, которые я стала носить с собой везде.

От нахлынувших воспоминаний я долго и беззвучно плакала. Марго и Армен пытались успокоить меня, задавали какие-то вопросы, но я не могла понять, о чем они спрашивают. Разговаривать не хотелось, я достала из сумки снотворное и выпила 3 таблетки. Вскоре незаметно уснула, сказались сильная усталость и эмоциональное напряжение последних дней.

Гасли звезды, светало. Где-то рядом кричал о наступившем утре петух. Я стою во дворе своего дома, куда вселилась за месяц до начала второй войны, после двух лет ремонта. Во дворе много цветов, с ранней весны до поздней осени во дворе что-то цветет. Стою среди роз, труженица пчела собирает нектар, едва слышно жужжит о чем-то своем, возможно, о своей нелегкой жизни. Вдруг мне показалось, что у ворот кто-то сторожит каждое мое движение. Я прислушалась. Пчела и петух... Но что это? Жужжание и свист нарастают, крылья пчелы начинают расти, как у автомобиля в фильме «Фантомас»! Бомбардировщик! Сейчас начнётся...! Кто-то подошёл сзади и взял меня за руку. Рука в длинном белом рукаве была холодной.

«Похоже, это Смерть! Спокойно! Вот оно, освобождение от всех страданий!» – пронеслось в голове. От прикосновения холода я проснулась.

«Я не хочу жить...»
(Свидетельства Руслана Ангаева, г.Грозный, 9-й участок, 29 октября 1999 года, записаны Обществом узников фильтрационных лагерей ЧРИ)

Когда война приблизилась к городу Грозному, и невозможно было там больше оставаться, я вместе с семьёй покинул город. Мы рано утром 27 октября 1999 года были на трассе Ростов – Баку, направляясь в Шатой. Я был за рулем, и вся моя семья сидела в машине. Впереди нашей машины ехал забитый пассажирами рейсовый автобус. Вдруг в машине раздались крики, самая младшая дочь, которой было 5 лет, кричала изо всех сил:

– Папа, самолет?! Я боюсь... папа!

И в это же мгновение, в автобус ехавший впереди, попал снаряд, и автобус разорвало на две части. Там были женщины, дети и старики. Самолёты били по движению. Я понял – это конец. Мгновенно остановил машину. Мы успели отбежать от дороги, чтобы затеряться в деревьях. Следующая ракета поразила нашу машину. От мощного взрыва меня и мою младшую дочь отбросило и сильно ударило об камни. Дочери моей повредило ногу. Она кричала вовсю, заглушив всё и всех. Я, словно лишенный разума, долго не мог прийти в себя, а мать прижимала её голову к своей груди, всё шепча: Ва Аллах!

А самолёты, сменяя друг друга, всё летали и били по движению на дороге. Кто-то успевал выпрыгнуть из машин, а кто-то сгорал в своей машине со всей семьёй. Люди с автобуса кричали, просили Аллаха о помощи, а самолеты все били и били. Каждый их новый заход уносил человеческие жизни. Люди истекали кровью: кто-то потерял руку, кому-то попало в ногу, и у кого-то просто оторвало обе ноги, а самолёты все били и били по живым мишеням. Это длилось полчаса.

– Вроде перестали, улетели, – сказала жена, и мы вышли из укрытия.

Вновь прибывшие выскакивали из машин, чтобы помочь пострадавшим. Они стали вытаскивать из горящего автобуса людей, – тех, кто остался в живых. Некоторые просто сгорели дотла. Невозможно было опознать тела. У меня по лицу текли слёзы. Рядом лежала человеческая рука, а ещё где-то верхняя часть женщины, а нижнюю часть отбросило куда-то вдаль. Это было страшное зрелище: разорванные человеческие тела, ручьи крови, собирающиеся в лужи. Подъехавшие люди спешили увезти раненых в ближайшую больницу села Чири-Юрт, потому что самолеты могли снова вернуться.

Кто-то и нас привез в больницу села Чири-Юрт, как и остальных. Моя дочь истекала кровью, правая раненая нога отвисала. Жена от испуга не могла прийти в себя, так что вся забота осталась на моих плечах.

В этот день в больницу Чири-Юрта попало много искалеченных людей, лишенных конечностей, и просто раненых, которым требовались операции. Было много убитых, не знаю сколько, некогда было считать. Этот день навсегда останется в моей памяти.

Моя пятилетняя дочь лишилась ноги. О Аллах! Вы не знаете, не можете себе представить боль отца за своего ребенка. Боль отца, когда крохотное создание смотрит на тебя плачущими глазами и спрашивает тебя:

– Пап, а моя нога? Как я буду играть? А когда прилетит самолёт, как я в подвал убегу? Пап, эта война когда кончится? Пап?.. – дальше она не сказала ни слова, она уснула, измученная болью, страшными картинами этого дня, где в жгучем пламени горели люди, и никто не мог вытащить их оттуда, пока не улетели самолеты.

На ум приходили ужасные мысли, и в эти минуты я жалел, что у меня есть семья, дети. Я не мог видеть боль дочки. Как должен чувствовать себя пятилетний ребенок, лишенный ноги? О Аллах! Ей бы ещё в куклы играть, а на её долю выпали страшные испытания, и так рано она познала жестокость этого несправедливого мира...

– Пап, я не хочу просыпаться..., я не хочу жить!

Эти её слова ранили меня в самое сердце. Я, ее отец, не могу ничем ей помочь. Что же это? Что же с нами делают?

Скажите, что ждет ребенка, если у него в голове одно: «Я не хочу жить...».

А что же делать мне? Помогите...

Рассказы очевидцев бомбардировки колонны беженцев 29 октября 1999 года:

Саралиева Зарита Хамзатовна

приютила в своей квартире 11 родственников из ЧРИ. 22 ноября 1999 года они пришли на прием в Комитет «Гражданское содействие». Зина Хамзатовна Хамидова рассказала следующее.

Военные 28 октября обещали, что на следующий день с 9 до 10 часов утра будет предоставлена возможность выйти из Чечни. К 9 часам между Ачхой-Мартаном и Шаами–Юртом протянулась на 11 километров колонна машин и людей. В 10 часов объявили, что выпускать не будут. Машины и люди начали расползаться. В это время в небе появились два самолета. Они поднимались и опускались, много раз и бомбили колонну. Началась страшная паника. Вместе с Зиной Хамзатовной были ее дети, невестка, ее мать и брат. Во время бомбежки из семьи Хамидовых погибло три человека. Сын Зины Рустам Хамидов потерял молодую беременную жену, Элону Исаеву, 1983 г. р. Они сыграли свадьбу летом. Элона вела дневник, из которого узнали о ее беременности. Дневник полон теплых слов о близких ей людях. Вместе с ней погиб ее брат Исаев Саид-Магомед, 1990 г. р, и родственница Асма Магомедова, 1954 г. р. Зина была ранена в руку. По ее словам, в соседнем грузовике из 30 человек остался жив только один. Никто не слышал, чтобы летчики понесли наказание за массовое убийство. Руководитель ФМС в беседе с С.А. Ганнушкиной подтвердил, что описанные события имели место. Он сказал, что по данным фактам ведется следствие.

Записано в Комитете «Гражданское содействие» 22.11.1999

Рассказ беженки из Чечни Луизы Бакаевой

В 1994 г., когда началась война, я ждала ребенка, была беременна на 9-м месяце. 26 ноября, когда началась бомбежка, меня со схватками отвезли в роддом, там никого не оказалось, и меня привезли домой. Потом 29-го опять началась бомбежка, и у меня открылось кровотечение. Меня отвезли в другую больницу, и я родила преждевременно 30.11.94 г.

В 1994 г. в конце декабря разбомбили мой дом пятиэтажный, который находился у железнодорожного вокзала, рядом с домом КГБ и МВД, на проспекте Орджоникидзе, дом 1, кв. 31. С тремя детьми и младшим сыном на руках мы отправились с мужем в село. У ребенка во рту была молочница, потница, пупок весь в крови, я сама не могла ни сесть, ни ходить, потому что у меня были тяжелые роды.

В 1995 г., когда мой муж ехал в город из села проведать моего отца и своих родителей, его на дороге остановили военные люди вооруженные и забрали у него машину «Камаз» (муж Луизы по профессии – водитель, – ред.)

В 1996 г., когда российские войска были в Грозном, ночью, в 23.30 взорвался дом дедушки и бабушки. Там с ними была моя старшая дочь, и она обгорела там, получила ожоги 65%. Это было в старый Новый год, 13 января, ночью. Ее нельзя было отвезти в больницу, потому что был комендантский час. Один наш сосед, наркоман, колол ее в вены и дотянул ее до утра. Утром ее отвезли в ожоговое отделение, где не было никаких условий, ей делали перевязки через день под наркозом. Через два месяца она умерла – 13 марта в годовщину своей свадьбы. Ей было 18 с половиной лет.

Потом в августе вошли снова боевики. Мы жили у знакомых, напротив воинской части. 7 августа на дворе раздался взрыв, на улице кричали, звали на помощь. Я это слышала, но не хотела выходить. Я была уверена, что это попали в мужа, но до последнего была какая-то надежда. Когда я услышала во дворе много мужских шагов, я открыла дверь и закричала на своем языке: «Чего я боялась, то ты мне принес». Соседи мне сказали: «Не кричи, неси подушку и бинт». Но он не слышал меня, он лежал, как труп. Потом его отвезли соседи на машине в больницу под бомбежками.

Я была уверена, что он уже больше не встанет, и думала только о том, куда деться мне с детьми. Когда на следующий день его привезли из больницы домой, я, честно, была удивлена. Потом начали ходить соседи. Он навстречу одному соседу-старику хотел приподняться, и у него открылись все раны. Потом нас всех наш сосед отвез к себе в село Чечен-Аул. Туда приехал мой брат и забрал нас в Нальчик, он сказал: "Нельзя, чтобы он гнил на глазах у всех". В Нальчике его положили в больницу. Меня обследовали тоже и сказали, что положат меня в больницу. Но я не могла лечь на лечение, так как в день два раза ходила в больницу и ухаживала за мужем и на руках был полуторагодовалый ребенок и еще двое детей – одному 6, другому 5 лет.

Когда дома все утихомирилось, мы вернулись домой. Мужа взяли на работу сторожем в Стоматологическую больницу, там работала жена его брата зубным врачом. Детей я устроила в школу. Отремонтировали крышу, заштукатурили, сделали отопление в доме, где нам дали жить. В эту зиму я как никогда сделала варенья, соленья, купила муку, осталось только картошку купить, побелила, покрасила и думала, что этот Новый год встретим, как нормальные люди.

В этот раз (то есть осенью 1999 г. – ред.) я думала, никуда не выйду, потому что отец сказал, что он никуда не пойдет. Не дай бог никому выбирать между родителями и детьми. Я не могла бросить родителей, не зная, увижу я их еще или нет, и смотреть на детей, которые ждут от тебя какого-то решения.

Я выросла в рабочей семье, мать была портниха, отец – водителем, и никогда мне не приходилось завидовать чужим детям, несмотря на то, что мои родители – неграмотные. А мои дети сегодня нуждаются во всем: и в здоровье, и в питании, и в учебе – о развлечениях я не говорю. И мне стыдно смотреть в глаза им, потому что я не могу дать им ничего. И они, особенно старший, которому 10 лет, понимают, что я, несмотря на все мои беды, стараюсь сделать хоть что-то из ничего.

Мы ждали открытия коридора через Ингушетию, прошло 9 дней, сказали, что разблокирование поста будет 29 октября. В этот день мы отправились на границу в 5 часов утра, был дождь и туман, было плохое предчувствие, и я об этом сказала отцу. Я сказала: «Папа, неизвестно, что будет с тобой дома и что случится с нами в дороге». Он мне сказал: «Что может быть в дороге, вы же – беженцы». Я сказала, что они бомбят по ним. Но он сказал: «Этого не может быть».

Мы простояли на посту до 10 ч. 40 мин. Нам сказали военные, что сегодня нет приказа, и еще 5 дней не будут открывать границу. Мы тогда спросили у военных, есть ли гарантия, что нас не будут бомбить. Они ответили, что на 15 км от них налево, направо и вперед не будут бомбить, а дальше они не знают.

Мы проехали примерно 20-25 км, мой старший сын сказал: «Мама, посмотри, самолеты впереди, и от них белый пар, они собираются бомбить». Сосед, которого мы на обратном пути посадили в машину (он шел пешком), сказал: все в лес бегом. И мы побежали, мы все молили бога, чтобы он нас спас от этого ада. У меня, точнее подо мной лежала моя дочь, старший сын под отцом, он его прикрывал собой, а младший был на руках соседа. После первого налета мой младший сын сказал соседу: «В меня попало». Сосед не хотел, чтобы я слышала об этом. Он спросил: «Куда тебе попало?». Ребенок сказал: «В руку». Сосед посмотрел: кисть руки вроде не в крови.

Потом был второй налет. У меня в ушах что-то треснуло, и я крикнула соседу: «Закрой пальцами уши ребенку». Потом мы ушли вглубь леса, когда они начинали третий налет. Людей в машинах, которые были впереди нас, убило насмерть. В той, которая была позади нас, – тоже насмерть, там лежали изуродованные трупы. У нашей машины, когда мы вернулись, были выбиты стекла и машина была вся побита. Всевышний к нам пришел на помощь, и наша машина завелась, и мы добрались до отцовского дома. Отец был в шоке, он сидел за столом и держал руками голову. Он сказал: «Значит, им дали приказ бить по беженцам по трассе».

Мой младший сын, когда мы вернулись, сказал: «Мама, ну дай я посмотрю свою руку, подтяни мне рукава». Оказывается, он все терпел от этого страха и испуга. Рука была вся в крови, и такую рану я не видела. Она была какая-то непонятная. Мы его повели на дом к медработнику. Она посыпала руку каким-то желтым порошком, она была вся опухшая и красная.

Муж и дети наотрез отказались больше ехать по этой дороге, даже если будет открыта граница. И мы потом отправились пешком на границу с Дагестаном. Оттуда мы отправились в Герзель. Ночью был поезд на Москву. Мы сели и приехали сюда к знакомой, и до сих пор я у нее.

Прошу мне помочь и моей семье просто как человек.

Текст был подан в Комитет «Гражданское содействие» 26 ноября 1999 г. как заявление об оказании помощи

Расстрел «гуманитарного коридора» на Петропавловском шоссе по дороге в Дагестан 29 октября 1999 г

Погибшая семья Алхазуровых
(из станицы Червленной, улица Демьяна Бедного 64, Шелковского района)

Алхазуров Султан Кажахметович, 18.10.34 г. р. – отец семьи;
Мадуева Кужан Султановна, 1.01.53 г. р. – дочь Султана;
Мадуева Хеда Ихвановна, 1987 г. р., – дочь Кужан;
Мадуев Усман Ихванович, 1986 г. р., – сын Кужан;
Бухаева Зарема Алиевна, 1.03.72 г. р. – сноха Султана;
Алхазурова Карина Асланбековна, 19.05.92 г. р. – дочь Заремы;
Алхазурова Фариза Асланбековна, 13.10.99 г. р. – дочь Заремы.

Рассказывает Алхазурова Кока
(мать погибшей семьи, в колонне беженцев не была)

Они беженцами находились в селении Таузен Веденского района, в тот день их путь лежал к дому, в станицу Червленная Шелковского района. Все средства массовой информации объявляли, что дан коридор беженцам. Люди, которые регулярно слушали радио и смотрели телевизор, решили воспользоваться данным коридором. В то утро, 29 октября 99 года, собрав свои пожитки, они двинулись в дорогу, тем более что Веденский район уже подвергался интенсивному обстрелу.

Как мне рассказала потом женщина, которая сама все это видела, их колонна подверглась обстрелу из дальнобойных орудий со стороны села Виноградное. Я искала свою маленькую внучку, мне сказали, что она осталась жива. Но оказалось, что это была не моя внучка. А мне потом сказали, что все мои погибли. Имя женщины этой я не помню, но она нам все рассказала. Она видела как в машину «восьмерка» цвета мокрого асфальта попал снаряд, и все кто был в машине, погибли. Мужчину выбросило из машины, и он звал на помощь, боялся, что взорвется бак с бензином и трупы сгорят. Но помочь было некому, так как шел постоянный снайперский обстрел, а еще и с вертолетов стреляли пушки, добивая оставшихся в живых.

Другой, которому посчастливилось остаться в живых в этом аду, рассказывал мне, что у него в теле было семнадцать осколков. «В живых я остался лишь потому, что, по всей видимости, день смерти, предначертанный мне Всевышним, еще не настал, – сказал он, – я лежал в стороне, но отчетливо слышал стоны умирающих и раненых людей. Когда этот человек звал на помощь, к нему подошла женщина, и он у нее спросил, что же это происходит, что нас ждет. Женщина отвечала, что нас уничтожают, убивают. «Отец! Мы не можем тебе помочь чем-либо, постарайся спастись, если сможешь. Я сама потеряла здесь часть своей семьи», – сказала она ему.

У этой женщины там погибли две дочки и муж. По ее словам муж ее получил осколок в сердце от снаряда, который попал в машину моего мужа. Он шел на помощь к своей дочери, и в тот момент взорвалась наша машина. Так его убило. Это была семья Эмиевых из Аргуна.

Люди из Толстой-Юрта (Дойкар-Эвл) подобрали раненых и убитых, а также тех, кому посчастливилось не пострадать и вывезли в село, а оттуда по больницам в Моздок и Знаменское.

Есть еще одна женщина по имени Дагой, у нее был единственный сын, который в тот день там и погиб. Она сама была свидетелем его смерти, а ее сноха осталась на всю жизнь калекой, она потеряла ногу и также девятилетнего сына. Их фамилия Саидовы. Они тоже из Аргуна.

Люди из Толстой-Юрта похоронили тогда четыре трупа моих детей. Мою дочь Кужан, двоих ее детей: Хеду и Усмана, а также мою сноху Зарему. Это было, как они говорили, 14 ноября. У моей внучки Хеды не было полтела, точнее, верхней части тела. (Их тела выдали спустя две недели после их гибели, но мы и тогда еще не знали об этой трагедии, а остальные просто исчезли, никто не знал, где они захоронены).

Вопрос: Когда Вы нашли трупы других погибших и где Вы их похоронили?

Ответ: Раскопок захоронений мы добивались долгие месяцы, но свершилось это только спустя семь месяцев, 3 июня 2000 года. В тот день мы приехали к Горячеводску, где неподалеку от села, во дворе асфальтового завода и было это захоронение. Яма была огромная – размером с жилой дом. Когда ее разрыли, в ней обнаружили семь трупов и четыре автомашины, одна из которых была грузовая. Трупы лежали под машинами.

Раскопки начались с одиннадцати часов. Были там несколько военных: один из них – заместитель прокурора района, другой префект, а также глава администрации, они нам очень помогли. Были еще люди, которые разыскивали, как и мы, своих близких из Аргуна, из Петропавловской. Чтоб раскопать, привели экскаватор, подъемный кран, иначе невозможно было достать машины из этой ямы. После того, как вытащили несколько машин, были обнаружены трупы двух девушек из Аргуна, точнее, одна из них была молодая беременная женщина. Потом откопали труп единственного сына Дагой из Аргуна. Дальше выкопали машину, и потом трупы моих внучек... *(Рассказ женщины здесь прерывается, она обливается слезами, не может дальше говорить. Минут через пять, успокоившись, она продолжает свой рассказ, несмотря на то, что ей это причиняет немало душевных страданий).*

Вопрос: Вы видели, как доставали трупы из ямы, в каком они были состоянии?

Ответ: Да, я смотрела и видела эту ужасную картину. Никогда, наверное, не забуду обезображенного ребенка в пеленках. Его тельце было раздроблено, из пеленок виднелся только череп. А другая, семилетняя девочка была вообще без головы, в нее попал снаряд, череп девочки лежал рядом с нею. Я увидела ее плечи и заметила, что нет правой руки, но она все еще оставалась в свитере, который был на ней. Все это было ужасно. Это были мои ни в чем не повинные внучки. После того, как достали их тельца, нам солдаты сказали, что достать других уже не успеем – они семь месяцев пролежали в этой яме, и одна ночь ничего не решает, подождите до утра. Но как часто бывало до сих пор, так и на это утро изменилось решение российских служб. Наутро мы пришли во двор завода, а там чуть ли не вся армия, оцепили яму и не подпускают к ней близко. Можно было подумать, что мы пришли совершить какую-то диверсию, или забирать трупы боевиков. Солдаты были с собаками, и их было очень много. В это время подоспели префект района и русский комендант, и только после их вмешательства нам разрешили продолжить эксгумацию.

Утром 4 июня мы достали из ямы еще два трупа: один из них был труп моего мужа, а второго так и не опознали. Его похоронили в Толстой-Юрте неопознанным. Сказать по правде, некоторые русские солдаты нам сочувствовали, были и такие, что даже прослезились. Но сфотографировать трупы и яму нам не разрешили. Когда моя дочь хотела заснять то захоронение, то начальник пригрозил пальцем, и сказал, что они закроют яму. После этого она не решилась делать снимки. Труп моего мужа уже на кладбище сфотографировал его брат. Тело Султана, так звали моего мужа, было без ранений, но голова, зато, была сильно раздроблена.

Мы долгое время не знали, что с ними произошло, мы считали, что они у родственников в Таузене. Но был случай, когда моя дочь, которая замужем, вместе с семьей мужа в колонне около ста человек, шла пешком 31 октября по этой дороге. Она увидела разбитую машину отца и кинулась к ней, но ей стало плохо. Ее деверь и его жена сразу оттащили Малкан, так зовут мою дочь, от машины. Их по дороге строго предупредили: не подходить и даже не смотреть в ту сторону, где были разбитые машины и убитые люди, которых они не еще не успели убрать. Им было сказано: «Если в ту сторону сделаете хотя бы один шаг, мы будем стрелять, не смейте даже смотреть туда». Они не успели разглядеть, был ли в машине кто-нибудь, так как стекла у нее были затемненные. Она приехала домой и сказала, что 29 октября ездила к тем родственникам, где была наша семья, но они уехали в это утро, поэтому они тоже решили выехать. Дочь мне еще сказала, что колонна беженцев, выезжавших в то утро по Петропавловскому шоссе, была уничтожена. Я высказала свои опасения, что они могли быть среди них. На это она сказала, что она слышала, отец уехал в Назрань. И мы надеялись, что это так. А ездить выяснять, что и как не было возможности, т.к. дороги были перекрыты.

О случившемся мы узнали месяц спустя. 8 декабря нам прислали сообщение наши родственники, уведомляя о том, что 29 октября они проводили наших домой и просили сообщить им, доехали они или нет. От меня это сообщение скрыли, хотя даже посторонние знали об этом. Моя сноха с моей соседкой Айзан поехали в Моздок и обошли в поисках членов нашей семьи все больницы и другие места, где, по их соображениям, они могли оказаться. Эти поиски не дали никаких результатов.

В это время нам передали, что какая-то женщина в электричке просила сообщить родственникам Султана из Червленной, что они все погибли под селом Толстой-Юрт: погибла вся семья, которая была в машине «восьмерка» цвета мокрого асфальта. Так мы узнали, что с ними все-таки стало. Когда пришло это сообщение, жена моего деверя поехала в Толстой-Юрт, чтобы узнать подробности. Ей удалось выяснить, что в Толстой-Юрте захоронено 4 трупа из семерых: Кужан, двое ее детей и Зарема. У девочки не было верхней части тела, похоронили лишь нижнюю часть. Где были остальные трое – неизвестно. Это было уже в декабре.

В марте месяце умерла в больнице в Архангельске моя вторая дочь Малика, после того как она узнала о смерти семьи. Врач сказал, что с ней случился сильный стресс, она страдает из-за случившегося, и не будет долго жить, что ее лучше забрать домой. Но моя дочь Малкан не смогла это сделать, да и как ей можно было сказать, что ей осталось недолго жить. Умерла она 14 марта. Привезла ее Малкан через пять дней, а похоронили 20 марта. Она занималась журналистикой до войны.

И только спустя два месяца после смерти Малики мы нашли и похоронили ее отца и двух племянниц, как я уже рассказывала, 4 июня в Толстой-Юрте, но только на другом кладбище. Мою дочь Кужан и сноху Зарему похоронили в одной могиле, детей Кужан – Хеду и Усмана – в одной, детей Заремы – моих внучек: Карину и Фаризу – в одной, а Султана и того, неопознанного мужчину – в одной могиле.

Да, еще до войны мы продали машину «Газель» за шестьдесят тысяч рублей, и муж ездил на машине сына, марки «Жигули – восьмерка». Немного денег были потрачены, а сумма свыше пятидесяти тысяч была у него с собой. Потом родственники рассказали, что деньги он завернул в простыню, туда же завернул и другие бумаги: военный билет, трудовые книжки, кроме паспорта и документов на машину. Во время раскопок порванную простыню мы нашли, но ни денег, ни документов в ней не было. Не было также и тех документов, что он оставлял при себе, а также – следов: ни порванных, ни сожженных бумаг. И документы, и деньги просто исчезли.

Рассказывает Алхазурова Лайла
(сноха Коки)

Я видела молодого солдата, который разговаривал с местными ребятами около рынка в Червленной. Он им рассказывал о том, как их заставили расстреливать колонну беженцев 29 октября 1999 года. Они стреляли в мирных людей, которые выезжали в сторону Шелковского района. Он говорил, что когда они стали возражать и говорить, что в колонне женщины, старики и дети, командир им сказал:

«Есть приказ, он дан сверху, и нужно безоговорочно подчиняться приказу». Он со слезами на глазах говорил этим молодым людям: «Как мне теперь жить? Я засыпаю, а мне снятся эти женщины, дети и старики. Я слышу их крики и стоны, мольбы о помощи, хотя в тот день я их видел только в бинокль. Я никогда об этом не забуду».

Когда он об этом рассказывал, я еще не знала, что в этой колонне погибли родственники моего мужа.

Рассказывает Дидаев Ризван Ахметович, 1949 года рождения

Я, Дидаев Ризван Ахметович, житель села Старая Сунжа, вместе со своей семьей выехал 29 октября 1999 года на Петропавловское шоссе, чтобы выехать в Ингушетию. По дороге к нам присоединилась семья моей сестры. Мы от людей слышали, что 29 октября будет предоставлен коридор, для желающих выехать в другие регионы России. Мы, конечно же, решили им воспользоваться. По дороге собралась целая колонна машин таких же, как и мы, выезжавших в более безопасные районы. Мы вывесили белые флаги и поехали. Дальше был крутой поворот налево. Впереди нас шла машина моей сестры, за рулем сидел ее деверь. Когда я завернул машину, то не понял, в чем дело. Оказалось, что первый снаряд попал в машину моей сестры, второй снаряд взорвался около моей машины, пыль поднялась столбом, а осколки посыпались на нас. Мы в колонне были вторыми, и я решил проскочить по холмам, но когда повернул, увидел впереди разбитую грузовую машину, по дороге лежали люди – живые или мертвые, не понял тогда. Опять разорвался снаряд. Я крикнул своим, чтобы все выскакивали из машины, и ложились на землю. Выбравшись из машины, я увидел опрокинутую «Волгу», впоследствии узнал, что это была машина толстойюртовцев. Но тогда, я не мог понять, что происходит. Возле одной машины стоял контуженный, тоже не понимая происходящего. Все время били снайперы – «дзын-дзын», у меня до сих пор в ушах стоит этот свист. В это время тот контуженный обошел свою машину, увидел мою и сел в нее. Я еще подумал, что ключи остались в машине, но не успел решить, что делать дальше, как снова раздался взрыв, после которого он вышел из машины и громко хлопнул дверью, пошел по дороге. Я не знаю его имени, но он и сам его не смог бы назвать. (Когда к вечеру он оказался в больнице, то пытался все время уйти: его заводят, а он выходит.)

Кругом пыль, дым, крики людей. Кто-то кричал, что погибли дети и Усман. Когда все выбрались из машины, мы все сползли в канаву, и поползли к селу Горячеводское. Я долго ездил по этой дороге и хорошо знал ее и эту канаву тоже. Мы по этой канаве ползли километра три, три с половиной. Поднять голову нельзя, постоянно бьют снайперы, а посмотреть все равно тянет после каждого взрыва. Пока полз, я насчитал около тридцати подбитых машин, мимо нас не проскочила ни одна. Они очень точно выбрали время и место для обстрела: дорога, по которой должна пройти колонна беженцев; и день, в который был объявлен коридор для беженцев. Били прямой наводкой по каждой машине, я еще сказал, что этим танкистам надо «пять» поставить за точное попадание. Если снаряд попадал куда-то рядом, то водитель останавливал машину и детвора высыпала на дорогу. В большинстве случаев попадания были прямые. Страшная картина – осколки, раненые – на фоне которых мелькают ангельские личики маленьких детишек. Нас обстреливали ежеминутно, непрерывно гремели взрывы, рвались снаряды, мы были в канавах, чуть голову приподнимешь, сразу попадет.

Трупов было очень много, валялись куски человеческого мяса: руки, ноги, головы, половинки туловищ. Я видел все это своими глазами, потому что все время поднимал голову и выглядывал, хоть жена меня и ругала. Когда дошли до угла, и нужно было переходить на другую сторону, я предложил им проскакивать по одному, хотя и знал, что федералы смотрят и видят в бинокль всех. Но мне возразили, решили дожидаться темноты.

К тому времени главе администрации села Горячеводское удалось договориться с руководством федералов, чтобы они дали им возможность вывезти с поля людей. Они дали полтора-два часа на то, чтобы сельчане могли оказать помощь пострадавшим людям. Первая машина, которая выехала из Толстой-Юрта, подобрала нас недалеко от села Горячеводское, а также еще несколько человек, которые подобно нам, ползком добирались до села. Еще одна машина с молодежью поехала на дорогу забирать трупы и раненых. Потом рассказывали, что после того, как они положили 5 трупов, начался обстрел, стреляли возле колес, они этим как бы говорили "поторапливайтесь". В это время ехал автобус и несколько машин, то есть небольшая колонна. Они тоже погрузили людей в эти 3-4 легковые машины и проскочили, так как их не обстреливали, хотя снайперы били. Видимо они не стали их обстреливать, потому что хотели, чтобы поскорее закончили начатое дело.

Была одна тяжелораненая женщина. Ей врач сразу сделал укол, обработал рану. Она была здоровой женщиной. Кулак ее был сжат, все тело в осколках, лицо с правой стороны тоже в осколках. Укол ей, видимо, не помог. Ее пронесли метров сто, но до больницы не донесли, она умерла. (Она, по-моему, из Ведено).

Остальных группой отправили на машине в Толстой-Юрт, так как оставаться в Горячеводске было небезопасно. Раненых переправили на машинах, а мы пошли пешком.

Сестру и племянницу привезли только через двое суток.

Некоторых раненых отправили в Моздок: среди них была женщина (узбечка), которая ехала из Аргуна, она замужем за двоюродным братом отца моей жены. С ней были сын ее дочери, еще 2 внука – дети ее сына, то есть внуки, и записка у нее была Исраилову Валиду, мы сказали, что это наш брат.

Пятеро детей и 28-летняя девушка, 5 суток они блуждали по этим холмам. Рассказывали, как маленькая девочка говорила: «Если бы я добралась сейчас до дому, я бы съела 10 лепешек и выпила бы 10 стаканов воды». Они ее кое-как утешали. После пятидневного путешествия они пришли в село.

Двое мальчиков Оздамировых были ранены.

Свидетельства Гатаева Эльмана

29 октября 1999 года я выехал из города Аргун в другое село, чтобы добраться до своих родителей и родных. «Точечные» бомбежки можно было ожидать практически в любом месте. Несмотря на это я подумал – может меня пронесет. Но когда наша машина въехала в село Толстой-Юрт, над нами появилось три самолета. Сначала они просто летали над нами, потом начали заходить, как будто собирались стрелять, создавая у нас настоящую панику. Ну, в общем, попугав нас, они улетели. Только мы вздохнули облегченно, резко появились другие два самолета и стали бомбить нас и соседнее село, рядом с которым мы оказались.

Когда я очнулся, наша машина догорала, вокруг пахло паленым мясом. После долгого лежания на земле я почувствовал озноб и страшную боль в правой ступне. Чуть отполз от места, где я лежал, под дерево, которое было рядом на обочине. Я сел и хотел снять ботинок, но обнаружил, что моя нога чуть выше ботинка еле висит на коже – видно и мне досталось. Перевязав ногу чуть выше раны, чтобы остановит кровотечение, я стал ползти поближе к селу. Не знаю, сколько полз, но мне показалось, что вечность. Я услышал крики, плач – это уже сельчане, подождав пока улетят опорожнившиеся самолеты, бежали к дороге в надежде спасти кого-нибудь. Меня тоже одна женщина взвалила на спину и то ли несла, то ли тащила до больницы. Но все же доставила меня до того места, что они называли больницей. Это было полуразрушенное, пустое здание. Кое-как оказали первую помощь.

Живых оказалось очень мало. Несколько детей сильно кричали, их матери были убиты. Женщины плакали над своими мертвыми детьми, жены над мужьями. Мужчины стояли, молча наблюдая за этой страшной картиной исподлобья. Все понимали, что произошла страшная несправедливость со стороны Кремля, но поделать никто ничего не мог – каждый принял свою участь.

Рассказывает не назвавшийся пострадавший

29 октября я ехал из Аргуна, вез беженцев. Возле села Толстой-юрт по нашей колонне ударили тяжелые орудия со стороны расположения федеральных войск. Я начал спускаться по склону, только повернул – увидел машину черного цвета, она горела. Дальше еще несколько горящих машин. Я только хотел разогнаться, чтобы в село заскочить, и в этот момент в мою машину попало.

Сзади подъехала девятка цвета мокрого асфальта, мы кричим: «Езжайте быстрей!» а они, видимо, растерялись, остановились, и ударило прямо по ним. Я не думаю, что там кто-то живой остался, а было в ней не меньше шести человек.

Еще четверых из другой машины сразу на месте убило, остальные все в осколках, в крови лежали, дотемна. Выбраться оттуда было невозможно. Обстрел не прекращался, по машинам била тяжелая артиллерия. Потом снайперы добивали оставшихся в живых.

Проскочило только три машины. Разбито было примерно 27 машин: легковых и грузовых. В легковых вряд ли кто живой мог остаться, в грузовых возможно остались.

Живые и мертвые – все валялись на этой поляне под дождем. Мы ждали, пока стемнеет, чтобы как-нибудь выползти отсюда, а обстрел не прекращался ни на минуту.

Просто так били, били, и думаешь, вот–вот попадет в тебя что–то. Били снайперы с горы, за селом Виноградным. Несколько раз пули пролетали над головой, чуть высунешься – уже бьют.

Нас было 27 человек в машине: мои родственники, родственники брата. Погибло пять человек, все остальные ранены. Трупы Исмаиловой Зары и Эмиевой Малики остались в машине, вместе с машиной их потом федералы утащили. Им было лет по 25 лет, они были подругами.

После 29–го вывезли нас оттуда в больницу. Там я заходил к родственнику Магомеду Абубакарову. Он под капельницей лежал. Одна сторона тела у него была разбита полностью. Я зашел, пару слов сказал. Магомед узнал меня, спросил, как он туда попал. А на второй день утром выходит врач и говорит: «Все, скончался».

Рассказывает Нуреш

Никого не допускали, как чуть подходят, они сразу стреляли. Я за руку схватила их, этих сволочей, уже деваться мне некуда было, там же погибают мои все родные! Я просила: «Помогите мне!» Я пошла туда до Терека, на Комсомольский мост. Мне сказали: «Тысячу рублей дашь – пройдешь пешком». А у меня же нету тысячи рублей! Я прямо плачу, плачу.

Шарапов был у нас тогда комендант, я обняла его, – ненавижу, но все равно, край мне уже, – я говорю: « Помогите мне, пожалуйста, сын у меня там чуть живой и все родные там, дайте мне машину, или разрешение, что-нибудь!».

На третий день он мне дал машину и сопровождение, своего зама дал, и я поехала за ними.

Я их привезла тогда. Сколько растрат у меня было, все больные лежат, в крови все, у кого голова совсем разрезана, у кого нога, сын и сейчас в осколках весь. Я привезла двух внуков Лайлы, которые в живых остались, и ее сноху. Они все были в крови. Я думала у одного рана на лице никогда не заживет. В той машине была Абдулкаримова Зара, на девятом месяце беременности, и двое ее незамужних сестер Дареш и Умани.

А остальные трупы они просто экскаватором закопали. Местные видели. Недавно туда женщины ездили, нашли на этом месте детские трусики, руку нашли и платья кусочки торчат, следы до сих пор есть. По этому кусочку платья видно, что там что-то еще есть. Там нашли волосы женские. Писали командиру какому-то, просили: «наши трупы отдайте, у нас же нельзя так – должна же могила быть». Они сказали тогда: «У нас саперов нет, может, трупы заминированы». Наши женщины: «Мы саперов найдем, мы хоть что сделаем». Он находит разные причины для отказа. Или он большие деньги хочет, или еще что-то. Уже пять раз наши родственники из Аргуна туда ездили. Никакого толку нет.

Там семья погибла: Эмиев Хасен отец, только что пошел на пенсию. Дочь Мадина 29 лет, старшая, второй Малике был 21 год. Обе не замужем, девушки. У них ни ног нет, ни тела нет, ничего нету. Одну ногу отца нашли дней через 10–12.

Абдулкаримовы: мать Падам и дочка Дареш, вторая дочка Умани, третья дочка Зара, отца у них не было. Зара была беременна. У ней было привязано на поясе все, что у них было: 25 тысяч. Они думали, беременную не будут обыскивать. Зара погибла, Падам, Умани, увидев эту страшную картину, убежала с чужими детьми, их четверо было, прямо в горы, туда наверх. Они четыре дня дождевую воду пили и траву ели, как скотина, в трубе и в канаве прятались, чтоб не попасть. По ним все время снайпер стрелял. Босые, раздетые, чуть живые. На пятый день нашли их. Так простыла она, что даже разговаривать не могла. 19 лет ей.

Два года ребенку. Они сидели с Лайлой в кабине, их мать кинулась на поле и там сгорела. Я привезла этих двоих детей и мать их и одну дочку, а троих уже нету. Еще я привезла мать своей снохи, одну дочку, и сейчас говорят врачи, что одну руку у ней придется отнять. Сразу отвезли в Моздок, оттуда прямо одну дочку, одна сторона тела у нее была словно молотом побитая, всю кровь она потеряла. Они потратили 13 тысяч денег в Моздоке, она и сейчас полуживая. Недавно они уехали в Аргун, а там ни кушать, ни пить нету. Все, что у них было, они везли на той машине. А сыну сейчас ВТЭК проходить нужно, а у меня нету ничего. Не дай бог такой кошмар никому увидеть, не дай Бог!

Кишки, головы на дороге все руки и ноги, как будто дождь идет сильный, так кровь текла. Они же видят, что белые флаги, что едут беженцы, они же все видят! Как же можно так! Все бедные люди, все почти погибли. И сейчас ищут люди своих родных. Все плачут, ходят, даже половину еще не нашли. Не знают еще ничего.

Список погибших при обстреле колонны беженцев у села Толстой-Юрт 29 октября 1999 года

1. Дидаева Лейла, 40 лет, «Совхоз Северный», Наурский р-он.
2. Карсанов Руслан, 38 лет.
3. Абубакаров Усман 1976 г. р.
4. Абубакаров Магомед, 1966 г. р.
5. Алиев Арби.
6. Эмиева Мадина 1970 г. р., г. Аргун.
7. Эмиева Малика 1976 г. р.
8. Эмиев Хасан, 80 лет.
9. Саидов Ильман, 8 лет.
10. Саидов Ибрагим, 44 года, труп не дали забрать.
11. Абакаева Зарган 59 лет, поселок Чернокозово.
12. Вадуев Султан 75 лет, с. Толстой-Юрт.
13. Майдаев Шарани, 90 лет, г. Аргун.
14. Майдаев Хусен, 10 лет.
15. Темиргаев Абубакар, 27 лет, ст. Калиновская.
16. Абдулкаримова Зара, труп не найден.
17. Абдулкаримова Дареш, труп не найден.
18. Батмурзаев Абдул-Косум 1936 г. р., ст. Петропавловская, труп не найден
19. Алхазуров Султан, 66 лет, ст. Червленная.
20. Алхазурова Зарема, 27 лет (сноха Султана Алхазурова).
21. Алхазурова Карина, 8 лет (дочь Алхазуровой Заремы).
22. .Алхазурова Фариза, 1 месяц (младшая дочь Алхазуровой Заремы).
23. Мудаева Кужан, 53 года
24. Мудаева Хеда, 13 лет (дочь Мудаевой Кужан).
25. Мудаев, 10 лет (сын Мудаевой Кужан).
26. Иса (фамилия неизвестна).

Список раненых при обстреле колонны беженцев у села Толстой-Юрт 29 октября 1999 года

1. Насуханов Юсуп, 1978 г. р., поселок Чернокозово.
2. Гацаев Хамид, 45 лет, хутор Постный.
3. Саидова Люба, 1966 г. р., г. Аргун.
4. Саидова Лейла, 6 лет.

5. Саидова Зарган, 3 месяца.
6. Саидов Султан, 4 г.
7. Саидова Тамара, 55 лет.
8. Эмиев Умар, 33 года.
9. Мадаева Бирлант, 40 лет.
10. Оздамиров Усман, 12 лет.
11. Оздамиров Аслан, 14 лет.
12. Оздамирова Лена, 75 лет (умерла).
13. Далаева Яха, 39 лет, г. Аргун.
14. Лондамирова Лена, 31 год, станица Червленная.
15. Ясаева Ломани, 38 лет, «Совхоз Северный».
16. Хатуева Малика, 47 лет.
17. Гераев Казбек, 73 года, ст. Калиновская.
18. Эмиева Хабила, 47 лет, г. Аргун.
19. Эмиев, 3 года.
20. Эмиев Ибрагим 32 года.
21. Абдулкеримова, 28 лет.
22. Абдулкеримова, 60 лет.
23. Чермоханова Асет, 62 года.
24. Мусиев Балавди, 30 лет, с. Комсомольское.
25. Улубаев Абдул-Шахид, 76 лет, «Совхоз им. Ленина».
26. Улубаев, 16 лет.
27. Улубаева, 19 лет.
28. Абубакаров (умер в больнице).

Список пропавших без вести при обстреле колонны беженцев у села Толстой–Юрт 29 октября 1999

1. Далаева Шена, 32 года, г. Аргун.
2. Далаев Умар, 15 лет (сын Далаевой Шены).
3. Далаев Мохьмад, 11 лет (сын Далаевой Шены).
4. Далаев Усман, 13 лет (сын Далаевой Шены).
5. Далаев Ум-Эла, 8 лет (сын Далаевой Шены).
6. Далаева Хами, 5 лет (дочь Далаевой Шены).

Записано со слов очевидцев
(из села Толстой.Юрт, станицы Горячеводской и беженцев, опрошенных сотрудницей ПЦ «Мемориал» 28-30 мая 2000 года)

Колонна беженцев, следовавшая из Аргуна в сторону Наурского и Шелковского районов, была обстреляна федералами из дальнобойных орудий со стороны Виноградного, неподалеку от водонасосной станции, именуемой в народе «водокачкой». Обстрел начался с девяти утра, и велся непрерывно в течение нескольких часов. Со стороны сел Толстой-Юрт и Горячеводского никого не пускали на помощь обезумевшим от страха и ужаса происходящего людям.

Но вопреки всему, глава администрации ст. Горячеводской сумел договориться, чтобы местных жителей пропустили на помощь женщинам и детям, которые не знали куда бежать, где получить помощь. И вот, в час дня к этим людям выехала машина «Газель», которая подобрала людей еще по дороге, сумевших ползком выбраться из-под обстрела. Второй была машина ЗИЛ с молодыми людьми из села Толстой-Юрт, которые приехали прямо на поле, где был обстрел.

Если в приведенных ниже интервью будут некоторые разночтения, то это вполне допустимо, так как каждый из них рассказывал то, что видел и пережил он сам.

Рассказывает не назвавшийся житель села Толстой-Юрт

Картина стала ясна, когда людей доставили в больницу. Четыре человека погибло сразу, к вечеру скончался ребенок девяти лет, наутро скончалась еще одна старушка. Их похоронили на местном кладбище. Но раненых было очень много. Врачи не успевали оказывать им помощь. По договору с федералами многих раненых вывезли в село Знаменское. Многим были ампутированы конечности, удаляли осколки, не хватало медикаментов. И местные жители несли в больницу, кто что мог: бинты, шприцы, вату, йод и т. д., а также несли еду, одежду.

Один мужчина потерял своих детей. Не помню точно, но, по-моему, они нашлись только на пятые сутки. Четверо суток они провели в поле, прячась от обстрелов, и не зная куда идти.

Рассказывает Иса из станицы Горячеводской

По обстрелу колонны 29 октября я помню, что стали слышны взрывы орудий после девяти часов утра. Потом как-то выяснилось, что идет обстрел колонны беженцев, которая выходила по Петропавловскому шоссе. Мы старались пройти на помощь людям, терпящим бедствие, но нас не подпускали близко к месту обстрела, били снайперы.

Моему отцу с трудом удалось добиться разрешения вывезти людей из-под обстрела. Федералы дали два часа времени, чтобы мы могли оказать помощь людям, но все равно снайперский обстрел не прекращался. Машина ЗИЛ, в которой были ребята из Толстой-Юрта, проехала на поле, где были убитые и раненые, а также те, кому повезло уцелеть. Люди без машин тоже шли на помощь, они выводили тех, кто не получил ранений. Из тех, кого вывезли на машине, было человек 20 раненных, и столько же трупов. В больнице от ран скончалось еще человек семь. Насколько я могу сказать из вывезенных в тот день, погибших было человек 25. Некоторых из них похоронили на кладбище в селе Толстой-Юрт. Это были люди из Аргуна, Наурской, Шелковской. Некоторых забрали родственники, и похоронили уже дома. Я помню женщину, которой оторвало ногу, с ней был сын, который никак не хотел расстаться с матерью, когда ее забирали в больницу. С трудом убедили его, что ей нужна срочно помощь врачей.

Оказывая помощь людям, особо отличился Хасульбеков Зураб, у которого в начале октября, в результате обстрела нашего села погибли жена – лет 18 и сестра 12 лет, которую почти разорвало на куски.

Парень, который был за рулем ЗИЛа в тот день, погиб спустя полгода – 2 апреля 2000 года. Он был застрелен на окраине села, когда вечером возвращался домой на машине, почти в упор. Сказали, что он якобы нарушил комендантский час, хотя когда его труп забирали, еще не было восьми часов. Его звали Хасуев Сайд-Магомед Шамсуевич. Он был 1972 г. р.

Также оказали огромную помощь этим людям Дениев Аюб, Мадаев Д., Алиев Алихан, Хасуханов Хамзат, Хасуев Иса и другие.

Обстрел велся из дальнобойных орудий и танков, авиации не было. С вертолетов били только пулеметы. Насколько я знаю, детей в тот день погибло четыре.

Рассказывает Мамед
(житель села Толстой-Юрт, пострадавший в это утро и выехавший на помощь пострадавшим в час дня)

29 октября в восемь часов утра я со своим дядей Вадуевым Султаном выехали из Толстой-Юрта в Грозный, чтобы забрать труп моего дяди Баталова Салеха, 1933 г. р., который погиб в Грозном у себя дома 27 октября, во время авианалета. На 29 октября был объявлен коридор для бе-

женцев, желающих покинуть особо опасные районы Чечни, что четыре дня люди могут беспрепятственно уезжать. Я с моим дядей, он был 1942 или 1943 года рождения, выехали на окраину села, расспросили можно ли проехать на Грозный, и поехали.

У водонасосной станции по нам был открыт огонь из дальнобойных орудий. Снаряд попал в машину, и ее отбросило метров на 15. Сделав два-три круга, она остановилась. Я выполз из машины, оттащил дядю, у него была пробита голова осколком, чтоб в случае пожара он не сгорел. Вышел на дорогу, остановил машину, следовавшую за нами, и вернулся в село, так как забрать тело дяди нам не дали.

Приблизительно в час дня приехал к нам глава местной администрации и попросил помочь. У меня была машина «ЗИЛ-131», на ней мы и выехали. Я сам не в состоянии был вести машину, после пережитого утром, и за руль сел мой друг Хасуев Сайд-Магомед, он погиб месяц назад. Собралось шесть-семь ребят, которые вызвались ехать на помощь людям, мы еще не знали, что там происходит. Когда мы приехали на дорогу, там творилось что-то страшное. Всюду на дороге и на поле валялись трупы, раненые. Разбитые машины. Люди, разбежавшиеся в панике, лежали по всему полю, так как обстрел шел интенсивный. Мы собрали раненых и убитых, а здоровые сами бежали к машине. Собрав всех, кого успели, мы отвезли их в больницу села Толстой-Юрт. Среди раненых были покалеченные дети: без ног, без рук. Многих погибших похоронили на местном кладбище. Там же похоронили и моего дядю Вадуева Султана. А Баталова Салеха мы вывезли и похоронили уже после, 8 ноября. Все разбитые в тот день машины растащили федералы. Они еще несколько дней не допускали к этому месту никого. Потом выяснилось, что они очищали место своего преступления.

Рассказывает Болатбиев Рамзан
(мулла села Толстой-Юрт, занимавшийся похоронами людей, погибших в этот день)

Я занимался похоронами людей, погибших во время обстрела 29 октября 1999 года. Мы хоронили их 30 и 31 октября, а еще двоих, дней через четырнадцать, когда федералы выдали их трупы. Имена, которые нам известны, записаны на памятниках у могил. Я сейчас не помню, конечно, сколько человек мы хоронили, но примерно человек пятнадцать–шестнадцать. Некоторых хоронили по двое в одной могиле. Точнее вы это можете узнать на кладбище. Еще я помню, что трупы троих сразу забрали родственники, прямо из больницы. Но говорили, что еще несколько трупов забрали на следующий день. Были и такие, которые после скончались от ран, и не только в толстой–юртовской больнице, но и в других больницах, куда их в тот день переправляли.

На кладбище произведено захоронение некоторых близких по двое, так как не было сил рыть одновременно столько могил, а похоронено здесь было за два дня шестнадцать человек

Эмиев Хасен 1940 г. р.,
Эмиева Мадина 1970 г. р. (в одной могиле)

Абубакаров Магомед 1966 г.р.,
Алиев Арби 1972 г.р. (в одной могиле)

Саидов Ильман 1991 г. р.
Маидаев Шааран 1914 г. р.
Маидаев Хусейн 1990 г. р. (в одной могиле)

Мадуева Кужан Султановна 1953 г. р.,
Бухаева Зарема Алиевна 1972 г. р. (в одной могиле)

Алиев Руслан 1955 г. р.
Мадуева Хеда Ихвановна 1987 г. р.,
Мадуев Усман Ихванович 1986 г. р. (в одной могиле)
Один мужчина (имя неизвестно)

**Рассказывает Эмиева Тоита Хасеновна
(1974 г. р., жительница г. Аргун, следовавшая
в колонне беженцев в станицу Калиновская)**

29 октября я была в колонне беженцев по дороге на Толстой-Юрт.
Когда начался обстрел г. Аргуна, мы решили выехать в освобожденный район, где уже прошли боевые действия и была установлена, как передавали, «законная власть». Собрав все свое имущество, мы вместе с Гераевым Казбеком, который уезжал домой в ст. Калиновскую, на его машине, выехали в 8 часов утра 29 октября. Было объявлено, что в этот день открывается коридор для беженцев, которые

хотят покинуть опасные районы республики. Всего в машине нас было 27 человек, машина бортовая «ГАЗ–53».

На повороте на Петропавловское шоссе мы остановились и ждали, пока подъедут другие машины. В колонне было 5-6 машин, потом подъехали другие, мы вывесили белые полотна (флаги). Первой выехала машина «Жигули», мы последовали за ней. Когда мы сделали поворот, обогнув холм, увидели, что машина, выехавшая вперед, уже горела. Как потом выяснилось водитель погиб сразу, его жене Любе, она русская по происхождению, оторвало ногу. Сыну Ильману также разорвало ноги, он скончался уже в больнице и похоронен на кладбище в селе Толстой-Юрт, а четырехмесячная дочка была выкинута из машины. Ее потом нашли, но слава Аллаху, с ней ничего не случилось. Это, оказалось, была семья Саидова Ибрагима, труп которого до сих пор не найден. Говорят, их где-то там захоронили.

Снаряд попал в борт нашей машины. Сразу погибла моя сестра Малика, я сама это видела. Вторая сестра Мадина была тяжело ранена и скончалась там же. Мы попрыгали с машины, легли кто куда. Нельзя было поднять голову, били снайперы, снаряды рвались беспрерывно. У меня и моего брата Умалта лопнули перепонки (у меня в левом ухе, у брата в правом ухе). В левом запястье у меня до сих пор сидят два осколка, которые никак не могут удалить. Буквально вчера мне оперировали руку и не смогли их найти. Умалт был ранен в плечо, шею и лицо. У мамы, Эмиевой Хабиры – 1947 г. р. (ее еще зовут Лайла) – множественные осколочные ранения по всему телу. До сих пор ей удалили только один осколок.

Мой отец побежал к машине, чтоб забрать своих дочерей. Мадину он успел снять с машины, но когда он поднялся, чтобы снять труп Малики, его поразили осколки, разорвавшегося сзади снаряда. Один осколок попал в ногу, а второй, как потом выяснилось, поразил его прямо в сердце. Он с трудом дополз до нас и сказал маме: «Знаешь, что стало с твоими дочерьми». Помолчал, потом спросил, что с внуком, а он был ранен в левую руку и в лицо. Мама ему сказала, чтобы он не поднимал головы, так как беспрерывно били снайперы. Он наклонил голову и больше ее не поднял.

Я видела, как каждую машину, заворачивавшую по трассе, постигала та же участь, что и нашу. Было абсолютно ясно, что по машинам били прямой наводкой с хребта. Минимум машин тридцать, я могу сказать это вполне уверенно, было разбито и сожжено. Некоторые сгорели с людьми.

Всего, как я знаю, было трупов 28, некоторых похоронили в Толстой-Юрте, трупы некоторых увезли родственники. А трупы некоторых до сих пор не найдены, но есть захоронение, которое не дают вскрыть, хотя они каждый месяц собирают людей, якобы для вскрытия, но потом под каким-либо предлогом откладывают до «лучших времен». И никто из нас не знает, где именно это захоронение.

Спустя несколько часов на поле появилась машина «ЗИЛ-131", с которой нам крикнули, чтобы мы бежали к машине, кто может. В машине их было пять-шесть человек, они кинулись подбирать раненых и погибших. Собирали людей по всему полю, хотя беспрерывно били снайперы. Мама даже кричала им, чтоб они уезжали, не рисковали своими жизнями. Но эти ребята оказали нам помощь, они спасли нам жизнь, а также тела наших погибших. Если б не они, мы б не похоронили тела наших родственников. А в нашей семье в то утро погибло трое: отец наш – Эмиев Хасен, 1940 г. р., сестра Мадина – 1970 г. р. Они похоронены в одной могиле в Толстой-Юрте, благодаря тем людям, о которых я говорила. Труп второй сестры Малики – 1978 г. р. – выдали только через четырнадцать дней, и ее тоже похоронили в Толстой-Юрте. (Прим. от автора: оказалось, что та девушка, похороненная спустя две недели, не была Маликой. Ее труп обнаружен был 3 июня 2000 года и похоронен там же, в Толстой-Юрте 4 июня. Когда бралось это интервью, об этом не было известно, и поэтому автор допускает эту неточность в данном тексте). Мы очень благодарны тем людям, оказавшим нам такие неоценимые услуги.

Загрузив машину, они погнали на всю скорость, чтобы спасти нас от снарядов и пуль. Нас привезли в больницу в селе Толстой-Юрт. Потом приехала еще одна машина «Нива» с ранеными. Нас там перевязывали, оперировали, кого-то отправляли в Знаменское и в Моздок. Тела погибших, которые успели спасти, похоронили 30 и 31 октября, на местном кладбище, как я уже говорила.

Мы выехали в этот день со всем своим имуществом, которое в этот день тоже погибло. Все наши золотые вещи (всех сестер) были у Малики. С ее трупа сняли даже сапожки. Чтобы получить ее труп, мы объявили, что все золото, которое при ней, мы оставим, как выкуп за нее. А, что нам еще оставалось делать, ведь прошло две недели, пока нам выдали ее труп. Ее хоронили без нас люди, которые приютили нас и помогали нам двенадцать дней. Я помню имя хозяйки, ее звали Тамара.

Насколько я помню, в тот день погибла Лена – узбечка, была замужем за чеченцем, похоронена в «Совхозе Калиновский», двое ее внуков – Оздамировы Аслан и Усман – были ранены. Другой ее внук Адам несколько дней провел в поле с другими детьми. Черемхановы Асет и Яха тоже были ранены. Как я уже говорила, погибли Саидовы – отец и сын. Саидова Люба, которой оторвало ногу, была переправлена в госпиталь города Моздок. Мы все были в шоке.

В ночь на тридцатое октября сельские молодые люди «приволокли» машину «Газель» с пятью трупами.

Авиация нас не бомбила, был только артобстрел из дальнобойных орудий и танков. Над нами кружили вертолеты, но ракет не выпускали, вели только пулеметный огонь.

Рассказывает Абдулкеримова Умани
(1971 года рождения, дочь Алпату Абдулкеримовой, жила с матерью в городе Аргун)

Когда снаряд попал в машину, меня в затылок что-то ударило, и я на какое-то время потеряла сознание. Когда я очнулась, я поняла, что недолго была в этом состоянии. Рядом со мной лежали какие-то трупы, потом я узнала, что один из них принадлежал моей сестре. Спрыгнув с машины, я подумала о шофере, что если он погиб, мы не сумеем уехать. Я тогда еще не поняла, что мы все равно не сможем просто так уехать.

Но шофер, слава богу, был жив, хоть и ранен. Снаряды продолжали рваться рядом, свистели пули, и я побежала, не зная куда. Подальше от этого ада. Я остановилась передохнуть, и увидела, что рядом со мной шестеро детей. От снайперов мы спрятались в канаве, но там тоже не было спасения. Выбравшись из канавы, мы увидели машину, и бросились к ней, но только один мальчик из нас успел добежать и вскочить в нее. Ему помогли сесть, но ждать кого бы то ни было, было некогда, иначе погибли бы они все, снова начинался обстрел.

И я с пятью чужими мне детьми осталась в поле. Старшему из них в те дни исполнилось семнадцать лет, а самой младшей девочке было 7 лет, но выглядела она гораздо младше, я думала, ей четыре года. Троим другим мальчикам было от 9 до 13 лет, я точно не знаю. Все мы почти раздетые, а к вечеру пошел дождь. На третий день пошел снег с дождем. Мы все раздетые, голодные, закапываясь в грязь, чтобы хоть как-то согреться, проводили ночи, а днем ползком пробирались в село. Нельзя было подняться, все время били снайперы. Пятую ночь мы провели в канаве совсем недалеко от села, но побоялись идти в село, потому что в селе могли быть русские.

Но на шестое утро я сказала, что нужно идти в село, иначе мы бы погибли от голода и холода. В селе мы пришли к самому крайнему дому, женщина, увидев нас, ужаснулась. Она быстро завела нас в дом, обмыла, дала переодеться, во что нашлось, дала нам хлеба, но у нее было нетоплено. Женщина повела нас к своим соседям, там нам оказали необходимую помощь. В ходе разговора выяснилось, что нас безуспешно искали. Конечно, эти дни не прошли для нас бесследно, мы все проболели довольно долго.

Рассказывает Дареш
(1967 года рождения, дочь Алпату Абдулкеримовой, жила с матерью в городе Аргун)

Как говорила сестра, мы ехали в машине, ничего не подозревая, считая, что чем дальше мы уезжаем от Аргуна, тем большую безопасность обретаем. Но все оказалось далеко не так. Осколки снаряда, угодившего в нашу машину, ранили меня в руку, и я потеряла сознание. Очнувшись, я обнаружила себя лежащей на земле, и, помимо всего прочего, раненой в ногу еще одним осколком. Я, как могла, попыталась отползти от машины, но вновь потеряла сознание. Вообще я мало, что помню. Помню, что кто–то перевязывал меня, но даже не помню кто. Лечилась я очень долго, врачи считали, что руку мне придется отнять, но слава Аллаху до этого не дошло. Но мне предстоит еще одна операция, которую возможно сделать только в клинических условиях.

Свидетельствует Эмиева Разет
(была в колонне беженцев 29 октября на Петропавловском шоссе и присутствовала на вскрытии захоронения 3 июня 2000 года)

3 июня 2000 года, я была на вскрытии того самого захоронения, которое федералы произвели 1-2 ноября, на месте обстрела колонны беженцев на Петропавловском

шоссе, сразу за поворотом, не доезжая до села Толстой-Юрт. О том, что будет вскрытие, нам передали 2 июня, нет, не власти, а те, кто, как и мы, искали своих близких, которых потеряли 29 октября, во время обстрела нашей колонны. Мы договорились встретиться в 11 часов, третьего июня, и вместе поехать на вскрытие. Мы немного опоздали. Когда мы приехали, вскрытие уже шло. Со мной была Абдулкеримова Падам, ее дочь и еще мои родственницы, а также родственники Ибрагима Саидова, труп которого в тот день нашли в этой яме. Мы немного опоздали, когда мы приехали, раскопки шли полным ходом, работал экскаватор, копать вручную было невозможно. Уже показалось колесо машины, на которой мы ехали, я его узнала сразу, потому что два передних колеса нашего «Газика» были тракторными. Достали наш «Газик», продолжая раскопки, показалась рука женская, тогда парень, который рыл, остановил экскаватор, и начали копать вручную. Копали очень осторожно. Показалась голова, белая водолазка, и стало понятно, что это труп Зары Абдулкеримовой. Он не разложился, но уже начинал портиться. Все конечности были на месте.

Парень, который очень осторожно раскопал и достал труп Зары, также осторожно продолжил работу, не позволяя другим торопиться, чтобы не повредить труп. Показалась нога в чем-то черном, и парень спросил, ищет ли кто-нибудь еще женщину. Я сказала, что у меня есть основания думать, что это моя золовка Малика Эмиева, хотя и был разговор, что она похоронена 14 ноября, но никто из нас не присутствовал при этом, и не мог бы утверждать это. Я объяснила, что Малика была одета в черные лосины, черный халат и красный свитер, и что у нее белые волосы. Так оно и получилось: показался черный халат, после красный свитер, а потом и белые волосы. Когда лицо очистили от земли, то стало видно, что это и есть труп Малики Эмиевой, т. е. моей золовки, которую считали уже давно похороненной. У нее стопа левой ноги отвалилась, прямо с носком, по локоть не было правой руки. На голове, видно, была рана, потому что затылочная часть черепа вместе с волосами тоже отвалилась, я взяла это в кулек и положила вместе с трупом. Убитые три дня оставались на дороге в машине, как погибли, и те, кто потом ее видел в машине, говорили, что там сидит девушка с белыми волосами и с раненой рукой. А также я знаю, что снаряд попал в борт сзади от того места, где они сидели, и она наверняка была ранена в затылок. Как я уже говорила, они были рядом:

Малика и Зара. Зара была еще и беременна, на восьмом или девятом месяце. Ее труп достали в четырнадцатом часу, а труп Малики – в четырнадцать часов десять минут.

В: А откуда Вы знаете, что ее труп достали без десяти три?

О: Федералы записывали это на диктофон. Один из них стоял, комментировал все раскопки, и записывал все это на диктофон.

В: Сколько всего машин достали из этой ямы?

О: Оттуда достали один грузовик, на котором мы ехали, еще «восьмерку», цвета мокрого асфальта, в ней погибло 7 человек, еще красные "Жигули". Из той "восьмерки" в день эксгумации нашли три трупа, а раньше, 14 ноября, в Толстой–Юрте были похоронены еще четверо из этой семьи. Из этой семьи всего погибло семь человек. Я знаю, что они из станицы Червленной, но не знаю их фамилии, и помню, что девушку, которая разыскивала их, звали Малкан. Да, ее отца, чей труп нашли там в этот день, звали Султан, погибшую вместе с ним дочь звали Кужан. У нее погибло в тот день и двое ее детей. Погибла их сноха, и две ее дочки, у нее была грудная месячная девочка. Ее трупик тоже нашли 3 июня в этом же захоронении, а еще – труп ее семилетней девочки.

В: В каком состоянии были их трупы?

О: Трупик грудного ребенка, как был завернут в пеленки, так и нашли, тоже начинал только портиться, и труп семилетней девочки также начинал разлагаться. Труп Султана, деда этих девочек, достали на второй день утром, т.е. 4 июня. Я как-то перескочила... Но после того как достали труп Малики, следующим был обнаружен труп Ибрагима Саидова, он из Аргуна. Там были его родственники, они его опознали, но я не видела его труп, они привезли его и похоронили здесь в Аргуне. После того, как обнаружили и достали труп Ибрагима, были обнаружены трупы этих девочек. А труп Султана и еще один труп мы прикрыли тряпьем, чтоб не трогали собаки, и оставили до утра, потому что уже было поздно. Некоторые наши вещи тоже были свалены в эту яму, хотя многое исчезло совсем. У нас были большие сумки с вещами: одеждой, посудой, были ковры и т. д., от которых мы не нашли и следа.

Свидетельствует Алпату Абдулкеримова
(1932 года рождения, проживавшая в городе Аргун)

Когда начался обстрел Аргуна, мы решили уехать подальше от бомб и снарядов в машине Казбека Гераева, жителя станицы Калиновская, который уезжал домой. Мы, конечно, и подумать не могли о том, что нас ждет по дороге. Ведь в том районе к тому времени уже закончились боевые действия. 29 октября 1999 года должен был быть открыт коридор для беженцев из Грозного, Аргуна, как передавали целую неделю по всем каналам телевидения и радио.

Мы уезжали вчетвером: три мои дочери (Дареш 1967 г.р., Умани 1971 г. р., Зара 1973 г. р.) и я. С собой мы взяли все свое имущество, деньги и золотые вещи. Всего же в машине нас было 28 человек.

Недалеко от села Толстой-Юрт наша колонна подверглась обстрелу. Мы спокойно ехали, с белыми флагами, ничего не подозревая, наша машина сделала крутой поворот за холм, и угодила прямо под снаряд. Это произошло в десятом часу утра, неподалеку от сел Толстой-Юрт и Горячеводское. Спускаясь с машины, я увидела, что Лена лежала на борту вниз головой. Я стащила ее вниз, думая, что она мертва, но она была жива, хоть и ранена. Я заметила, что Дареш ранена, но оказать ей помощь не смогла, поскольку мне в голову что-то попало, и я потеряла сознание. Придя в себя, я уползла подальше от машины. Со вторым снарядом, раненых стало еще больше. Этот снаряд был выпущен уже в другую машину. Четыре с половиной часа из-за обстрелов мы лежали и не могли поднять даже голову. Мы видели, как разбивали и горели машины, гибли люди. По машинам били снаряды, то ли танковые, то ли еще какие, не знаю, но не бомбы или ракеты. Авиация нас не бомбила. Помню, погибла семья из Старой Сунжи, 5 человек. Трупы были обожжены. Их на машине «Газель» ночью привезли местные ребята. Погибла также Аймани – родом из Ведено, была замужем за Насухановым из Аргуна. С ней был ее сын лет двадцати, раненый, он забрал труп матери в Наурский район.

В: Скажите, никто не мог вам помочь, почему вы столько времени там провели?

О: Нам действительно никто не мог помочь, от Толстой-Юрта ни одна машина не проезжала, как потом выяснилось, их не пропускали к нам. А те машины, которые ехали от Петропавловской, объезжали разбитые машины и сами попадали под снаряды.

В: Сколько же машин было тогда подбито?

О: Я даже не смогу вам точно сказать.

В: Ну, а все же, хотя бы приблизительно.

О: Приблизительно, наверное, машин за тридцать, я, когда посчитала до пятнадцати, дальше я не смогла, испугалась. Мне стало просто страшно. Я даже не видела все машины, так как обзор закрывался и машинами, и дымом. И нельзя было просто голову поднять из-за обстрелов. Я видела, как горела одна машина. Раненых было двенадцать, четверо убитых, а пятая умерла две недели спустя. Это была узбечка, фамилию не знаю, а звали ее Лена и она из Аргуна, мы ехали в одной машине. Еще погибли Эмиевы: Хасан, Мадина и Малика, отец и две дочери. Погибла также моя дочь, Зара Абдулкеримова, она была беременная.

Приблизительно во втором часу дня подъехала со стороны Толстой-Юрта машина с местными ребятами. Мы им кричали: «Уезжайте, а то вас тоже подобьют». Они нам крикнули: «Кто может, бегите к машине, мы без вас не уедем, мы за вами приехали». Соскочив с машины, они начали собирать раненных и убитых, укладывая их в машину. Меня они тоже подобрали. Я сразу узнала, что моя дочь Зара погибла, но ее труп забрать не дали снайперы. У Зары была разбита голова, а тело изуродовано осколками. Но зато взяли мою вторую дочь Дареш, которой прямо в машине оказали первую помощь, ей остановили кровотечение. Это спасло ей не только жизнь, но и руку, и ногу. В битком набитой машине нас привезли в больницу села Толстой-Юрт, где нам была оказана необходимая помощь.

Похоронить сразу мы ее не смогли. Я попросила одного парня залезть на машину и кинуть ее мне на руки, но вдруг, откуда ни возьмись, раздался взрыв снаряда, и нам пришлось отскочить. К счастью, в нас он не попал, он взорвался по ту сторону машины. В тот день забрать ее труп мы так и не смогли, а потом туда никого не допустили. Все, кто остался в тот день на поле, были захоронены неизвестно где.

А узнать и похоронить свою дочь я смогла только 3 июня, спустя семь месяцев, после ее гибели. Все это время я бегала по всем инстанциям, просила отдать мне тело моей дочери, чтобы предать его земле, как положено по нашим обычаям, дочери, которая носила в утробе восьмимесячного ребенка. Это была ее первая беременность. Она погибла, не успев испытать счастья материнства. Оказалось, их захоронили во дворе Асфальтового завода, неподалеку от места обстрела. Их захоронили вместе с транспортом, в котором они были, в какую-то большую яму. Помимо нашего грузовика, там было зарыто еще 3 легковые машины, изрядно помятые. Наш грузовик я узнала сразу, так как у него были тракторные колеса. Нам сказали, что там никого нет, только, мол, машины, но мы не стали их слушать. Мы настояли, чтобы продолжали рыть, а рыли экскаватором, потому что руками было невозможно разрыть эту яму. Ее успели укатать, когда вытащили грузовик, раздался крик Дареш: «Осторожно, там видна голова Зары, это ее волосы». Сын стал осторожно копать руками вокруг головы, показался ее халат, действительно это была она. Мы осторожно достали ее тело. Она была в той же одежде, но в карманах ничего не было, не было и золотых вещей, которые на ней были, когда мы выезжали: золотая цепочка-веревка и серьги. Не нашли мы также сумку с деньгами, которая у нее была. Все хозяйственные вещи, которые мы с собой взяли: холодильник, стиральная машина, столы, – ничего этого, даже обломков от них в яме мы не обнаружили.

После Зары выкопали труп Малики Эмиевой, она лежала неподалеку от Зары. Они вместе оставались в тот день в машине. Еще выкопали трупы двух детей, один из них был грудной ребенок. Эти дети были из Червленной. После них нашли останки Ибрагима Саидова с Аргуна. Его труп был в страшном состоянии.

На второе утро выкопали труп Султана и еще одного мужчины, но его никто не узнал, потом, правда, я слышала, что он из Цацан-Юрта, но точно не знаю. А этот Султан из Червленной, – дед этих девочек, которых откопали третьего вечером.

Семья Оздамировых
(бабушка и три внука находились в колонне беженцев 29 октября 1999 года)

Лена Оздамирова, 15 сентября 1931 г. р.; 13 ноября умерла от ран, полученных 29 октября 1999 года;
Аслан Оздамиров, внук Лены;
Усман Оздамиров, внук Лены;
Адам Шитаев, внук Лены;
Ханбатыр Оздамиров, муж Лены;
Майя Оздамирова, дочь Лены, мать Адама Шитаева.

Рассказывает Аслан Оздамиров, 15 лет
(15 ноября 1984 года рождения, проживавший в городе Аргун)

Когда мы поехали, я увидел вдалеке вспышку, что-то ударило в нашу машину, и я спрыгнул с нее. Я быстро лег на землю и увидел, как бабушку сбросило с машины взрывной волной, она была без сознания. Бабушку зовут Лена. Когда я снова поднял голову, то увидел, как взорвалась машина, модель «Жигули-99», и мне в шею угодил осколок от этого взрыва (мне чуть было не задело сонную артерию). Я не знаю, сколько времени был без сознания, и сколько там пролежал. Затем кто-то поднял меня и перенес в машину. Это были люди из села Толстой-Юрт.

Нас привезли в больницу этого села. В больнице я пролежал два дня. Мне сказали, что осколок просто задел шею, сделали укол и перевязку. Из больницы нас отправили в Моздок, но туда мы не доехали, нас положили в больницу в Знаменском. Там выяснилось, что у меня в шее сидит осколок, чуть не задевший сонную артерию. Сделали операцию и удалили осколок, который застрял в затылке. Наложили на шею шину. После операции меня лечили дней десять.

Рассказывает Усман Оздамиров, 12 лет
(19 мая 1987 года рождения)

Когда я соскочил с машины, то увидел бабушку. Она хотела слезть с машины, но следующий взрыв, сбросил ее оттуда, ударив об борт. За нашей машиной остановилась «девятка», но в нее угодил снаряд. Там были люди, впереди сидели двое. Водитель хотел выползти из машины, но не смог. Сзади тоже были люди – они все погибли. В машине, шедшей впереди нас, был мальчик лет восьми, ему разорвало ноги: с костей у него все мясо было как будто срезано. А его отца разорвало пополам, верхнюю часть туловища выбросило из машины. Из этой же машины выбросило окровавленного четырехмесячного ребенка. Его потом нашли, он был жив, с ним ничего не случилось. Это была семья Саидовых.

Еще был ранен наш шофер, Казбек, а также была ранена наша соседка Эмиева, у нее все лицо было в крови. Дальше я видел, горела машина «КАМАЗ» с красной кабинкой, говорили, что там были женщина и ребенок. Они сгорели живьем. Горела еще машина «Газель», но оттуда люди успели выскочить. Еще подбили мотоцикл, он опрокинулся. Проскочила машина со скотом. Еще одна машина "Газель" осталась там же на поле. Мы долго лежали на земле, было очень холодно, на нас была не очень теплая одежда. Вдруг подъехала машина, с которой нам крикнули, чтобы мы бежали к ним. Им кричали, чтоб они уезжали, но они стали собирать раненых и убитых. Я был ранен в ногу. Они собрали, кого смогли взять, а те, кто сам двигался тоже сели в машину, и ребята повезли нас. Когда машина тронулась, в борт нашей машины ударили пули, то ли автомата, то ли пулемета. Машина рванула с места, и нас привезли в больницу села Толстой-Юрт.

Когда мы ехали, я видел на дороге мужчину без ноги, его нога лежала возле плеча, он был мертв. Всюду были лужи крови. Лежал тот человек, т. е. половина человека, которого выкинуло из машины «Жигули». По нему ехали машины, так как была большая паника. Валялись руки, одному парню срезало голову, потом говорили, что он единственный сын у родителей. Лежала еще одна голова. Эти головы кто-то убрал под опрокинутый мотоцикл. Когда сестра потянула своего брата, он оказался без головы, и она потеряла сознание, об этом потом рассказывали люди в больнице. Я их не знал, но говорили, что они из совхоза «Северный» Наурского района. На дороге валялись вещи людей, даже куры и скотина тоже.

Насколько я знаю из тех, кто ехал с нами, погибли Эмиевы: отец, ему осколок попал в сердце, и две его дочери. Одна Мадина, а имя другой не помню. Погибла еще одна девушка, а ее сестра Умани несколько дней была на поле вместе с другими детьми, среди которых был мой двоюродный брат Адам. Сестра Умани, которая погибла, была беременная. Вот недавно нашли их трупы и похоронили, говорят, что у них забрали золотые вещи. У Малики Эмиевой была на шее золотая цепочка, ее тоже не нашли.

Мой двоюродный брат Адам и другие дети видели, как тащили машины и все оттуда убирали. Они это видели с холма, где прятались несколько дней, пока не пришли в село. Когда пришли в село, мой брат был весь синюшный, он несколько дней ничего не ел кроме растений, а воду пили дождевую, в эти дни шел дождь. Было очень холодно в эти дни, и они все замерзли основательно. Адам даже на ногах не держался, все они тоже не могли стоять на ногах. С ними была маленькая девочка лет четырех. Их было шестеро: мальчики лет десяти и двенадцати, и еще мальчик, которому исполнилось семнадцать лет, там на поле. Мне рассказывал об этом Адам. Эти дети были братьями, а девочка была их сестрой. Умани была ранена в голову, об этом тоже говорил Адам. Они прятались в разных окопах, потому что все время стреляли, и они боялись, что в них попадет.

В этот же день в селе Толстой-Юрт снаряд попал в дом, но не взорвался, об этом рассказывали в больнице, когда нас туда привезли. В больнице мне удалили осколок из ноги. Он ударился в кость и рикошетом пошел обратно, но остался в ноге.

Однако мне повезло, кость уцелела.

Рассказывает Ханбатыр Оздамиров
(1932 г.р., муж Лены, в колонне беженцев не был)

Когда начали бомбить Аргун, жена сказала, что возьмет детей и поедет к родственникам в Наур, я согласился. Они готовились к поездке и решили ехать 29 октября, так как по радио и по телевидению передавали, что в этот день будет дан коридор беженцам, во всех направлениях. Наши соседи Эмиевы тоже собирались ехать. Вез их на грузовике Казбек из станицы Калиновская, он ехал домой на своей машине. Они выехали 29 октября 1999 года в девятом часу утра.

О случившемся я узнал третьего ноября. Услышал, что моего внука одного убило, второй, якобы легко ранен, третий внук пропал, хозяйка тоже легко ранена. Я даже не знал, что жена умерла, (она скончалась от ран 13 ноября 1999 года, а я об этом узнал уже в декабре). Ее похоронил мой двоюродный племянник в «Совхозе Северный» Наурского района. Нас же в Толстой-Юрт не пропустили, они там пост выставили, даже женщин не пустили, сказали: «Не подходи, стрелять будем!».

Было очень тяжело быть все это время в безвестности, переживать за всех. Я весь поседел за этот месяц.

Рассказывает Адам Шитаев, 12 лет
(24 ноября 1987 г. р.)

Когда наша машина завернула за холм, я понял, что в машину, выехавшую вперед, попал снаряд. Наша машина остановилась, в это время в нее тоже угодил снаряд. С машины спрыгнул Асланбек, я тоже спрыгнул следом за ним и не мог встать на ноги. Я увидел Умара, он бежал от машины, еще одну женщину и побежал тоже. Снаряды продолжали рваться. ...Увидев бежавшую к холму девушку (Умани, которой было 28 лет), я и еще шестеро детей (Магомед, маленькая девочка лет четырех; имен других не помню) присоединились к ней.

Все время били танковые снаряды и снайперы. Мы ушли и спрятались в какой-то окоп, но за нами больше никто не поднялся. Через несколько часов вроде шум стих, и подняв головы, мы увидели машину, которая загрузила людей с поля и выезжала на дорогу, ведущую к селу. Мы побежали к этой машине, но только один из нас успел сесть в нее. Нас шестеро осталось в этом поле. Уже наступал вечер, а обстрел продолжался, и нам приходилось искать убежище от снарядов: мы спрятались в какой-то окоп или яму и там провели первую ночь. В эту ночь пошел дождь. Мы были почти раздетые, только у меня на ногах были ботинки, а все другие обуви не имели – одни носки (когда сели в машину, все они разулись, чтобы не пачкать одеяла, на которых сидели, а один из них, по-моему, Магомед был только в одном носке), но и мои туфли промокли насквозь. У меня была шапка, поэтому свой капюшон я отдал кому-то из мальчиков.

На следующее утро старший из нас, кажется, Умар, пошел смотреть, что можно найти для убежища, потому что оставаться там уже было невозможно. Он нашел другую канаву, и вернулся за нами. Мы перебрались ползком, потому что нельзя было подняться, все время били снайперы. Там мы нашли куст шиповника и поели немного ягод, но они только раздражали желудок. Из нового укрытия мы видели, как солдаты на БТРах подъезжали к тому месту, где был обстрел, и забирали вещи людей; цепляли неразбитые, брошенные машины к БТРам и увозили их. Также мы заметили, что федеральные солдаты убивали коров, которые остались брошенными на этом месте. Было видно, внизу все было разброшено и валялось два три дня. Только на четвертый день они стали там все расчищать.

В поле мы провели пять суток. Мы потихоньку спускались с холма, но все больше прятались, потому что постоянно шел обстрел. Был случай, когда мы только, что ушли в другую яму, как туда, где мы до этого сидели, попал снаряд. Передвигались мы все время ползком, встать на ноги почти не было сил: еды не было никакой, кроме шиповника, а воду пили дождевую. Как-то я нашел корень лопуха и съел его, но другие отказались, они не знали, что его можно есть. Вечером на исходе пятых суток мы пришли к селу, но побоялись войти туда, потому что по дороге ездили БТРы (мы думали, что в селе могут быть русские). Найдя канаву на окраине, мы переночевали в ней. Утром, увидев вышедшего на дорогу парня, Умар позвал его. Тот быстро подошел к нам и, увидев нас, понял кто мы такие. Они в селе знали, что мы ушли на холмы, и ждали нас.

Нас хотели сразу отправить в больницу, но женщина, которая вышла из ворот какого-то дома, сразу завела нас к себе домой. Девочка, увидев лужу во дворе, кинулась к ней и стала из нее пить: ее с трудом оторвали от лужи женщины, которые плакали. Собрались еще женщины, они нас почистили, растерли нам ноги и руки и дали поесть. Потом нас увезли в больницу, где нас лечили два-три дня: делали растирание, уколы от простуды, давали лекарства. Несколько дней мы не могли подняться на ноги, бывает, что и сейчас они побаливают. После больницы меня к себе забрала одна женщина, она ухаживала за мной, ставила мне горчичники, давала лекарства.

Я был в шоке и поэтому мало что помню. Забыл даже имена людей, которые меня приютили. Помню только имена мальчиков в том доме: Расамбек и Ризван, а имя женщины–хозяйки я не помню.

Рассказывает Майя Оздамирова
(в колонне беженцев не находилась)

О том, что произошло, я узнала 1 ноября, но не знала, кто из них жив, а кто погиб или пропал. Сказали, что видели мальчика в красной куртке, это был мой племянник, а у моего сына куртка была черная с красным. Тогда же, 1 ноября, мы услышали о гибели Эмиевых: отца и двух дочерей. Потом я услышала, что племянники живы, мама легко ранена, с ней вроде все нормально, а моего мальчика нет. Я думала, что он погиб, и больше не увижу его. Рассказывали, что много людей было разорвано на куски, творилось там что-то страшное. 11 декабря приехал мой двоюродный брат, он у меня спрашивает, что и как там обстоят дела. Я говорю: «Вроде сказали, что все живы и здоровы» (мне уже сказали, что мой мальчик нашелся; он 5 суток находился в зоне обстрела, он 5 суток не могли подняться и спуститься в село). Сын был под обстрелом вместе с другими детьми. Они ползком искали безопасные места. К вечеру пятого дня они спустились к селу, но они не знали, как в Великую Отечественную войну, кто там: немцы или красные. Они видели бронетехнику, и вот понимаете, для них эта русская армия была все равно что та немецкая армия в ту войну. Вот я говорю, неужели не видно было, четверо суток дети ползали по земле, вокруг били снайперы, там нет никаких заграждений, никаких лесопосадок, неужели не видно было в бинокль, что это дети. Они пять дней не могли подняться на ноги, по ним били из снайперских винтовок. Приползли они к селу – голодные, изможденные, замученные жаждой – и не посмели войти в него, чтоб получить долгожданный приют, боясь попасть в руки к русским, настолько силен был в них страх. Они ели траву, корни, пили дождевую воду. Когда они спускались поближе к селу, там уже не было ни ям, ни канав, и они рыли убежища руками, с помощью рогатки, которая была с собой у Адама. Выроют ямку, спрячут в нее голову и ночуют так.

Утром, решив, что все равно делать им нечего, они вышли из своего укрытия. Женщины забрали их домой, обогрели, почистили, дали им поесть и отвезли в больницу села Толстой-Юрт. Когда их вели в дом, девочка, которая была с ними, бросилась к луже и стала из нее пить; ее с трудом оторвали от нее. Женщины стали их поить молоком (они пили, и их тут же рвало, настолько их желудки не принимали ничего); растирали спиртом, перед тем как отвезти их в больницу. Понимаете, что я хочу Вам сказать: вот эта жестокость по отношению к детям, и чтобы мне не говорили, я не поверю, что они не видели, что там ползали дети. И мало того, после всего этого никого не допустили к этому месту несколько дней, а когда допустили, то люди ничего не нашли – ни трупов своих близких, которые там остались, ни свое имущество, ни скот.

Уже потом, вернувшись, племянник мне рассказал, что он был ранен в шею, буквально в миллиметрах от сонной артерии. Он мне сказал: «Деци, я не удивился, когда возле меня положили труп без головы, но я удивился, когда с другой стороны положили труп, с него буквально мясо срезано, и, видно, в предсмертной агонии, у него на лице застыла улыбка, вот тогда я удивился». Понимаете, с ним рядом положили труп без головы, а он не удивился, что он должен был пережить и перевидать! Какой это должен был быть шок у ребенка. И мне кажется, что с целью наживы, они с трудом дали забрать трупы и больше ничего, а люди выезжали, брали с собой все свое имущество, деньги, золото. И сделано это только с целью наживы! Была расстреляна колонна в тридцать с лишним машин, тем более на каждой машине вывешен белый флаг. Тем более в открытых машинах: дети, женщины, старики, снизу вещи уложены, а на них люди сидят. Сразу было понятно, что это никакие не боевики, а колонна беженцев. И такая жестокая расправа. Только в декабре я узнала о смерти мамы, а умерла она 13 ноября 1999 года. Маму звали Оздамирова Елена Таборовна, по национальности узбечка. У нас семья была интернациональная, мы никого никогда не делили по национальности, для нас люди были плохие или хорошие. Понимаете, я даже не была на ее похоронах, не то, что рядом в трудные для нее минуты. И я не одна такая.

Когда второго декабря в Аргун вошли российские части, я еще была в шоковом состоянии, и не знала: кто жив, а кто – нет, спросила у военных, не знают ли они, кто обстрелял колонну беженцев на Петропавловском шоссе. И один из этих военнослужащих (он был званием постарше) мне ответил, что это сделали они, им был дан приказ. Первый комендант города Аргуна и был тем командиром, который расстреливал колонну беженцев, по чьему бы приказу он не действовал. Они искусственно создали эти колонны, и одновременно обстреляли их. Этот обстрел они скрыли, скрыли так, что не дали людям похоронить своих погибших, зарыв все, что осталось от колонны в огромные ямы: и людей, и машины, и имущество все, которое они забрали с собой. Недавно была вскрыта одна из этих ям, где Эмиевы нашли труп своей дочери и похоронили буквально на днях, вроде 4 или 5 июня 2000 года. Но еще многие не нашли своих близких, пропавших там в тот день. Значит, есть еще захоронения, которые до сих пор не вскрыты. И эта жестокость ничем не оправдана.

Семья Далаевых
(8 человек находились в колонне беженцев)

Асланбек Далаев, отец – 28.08.58 г. р.
Яха Далаева, мать – 10.03.59 г. р.
Умар Далаев, сын;
Усман Далаев, сын;
Магомед Далаев, сын;
Умар-Али Далаев, сын;
Халимат Далаева, дочь;
Асет Чермыханова, бабушка – 1937 г. р.

Рассказывает Умар Далаев, 16 лет
(2 декабря 1982 года рождения)

Мы выехали в девятом часу из Аргуна, доехав до рокового поворота, остановились. Стали ждать, когда подъедут еще машины, и вывесили на своей машине белый флаг, в знак того, что мы беженцы. Машины тронулись и мы поехали. Когда завернули за холм, дети закричали: «Смотрите, машина перевернулась!» Неожиданно в нашу машину попал снаряд. Поднялся шум, все кричат, орут. Я спрыгнул, помог маме спуститься, видел, что Усман подхватил на руки сестренку. Потом я видел, как отец тащит бабушку. Заметив, как убегают наверх мои братья, я кинулся за ними. Мы увидели холм и решили, что там будет безопаснее, но оказалось, наоборот. Там снаряды рвались чаще, и осколки рассыпались больше. Я решил, что надо искать убежище получше, и мы поползли дальше наверх, нашли яму и укрылись в ней. Какое-то время мы пересидели в ней, но когда появились самолеты, хотя они не били, мы решили уходить дальше. Так от одной ямы к другой, ползком мы уходили от места обстрела, но не могли нигде укрыться, потому что били все время снайперы. Наверное, через несколько часов (теперь я знаю точное время, это было во втором часу дня), мы увидели машину, которая собирала людей с поля и стремглав бросились к ней. Но успел на нее только один из нас, это был Усман. Он уехал, а мы вшестером остались в поле, так как начали бить снайперы и нас не пустили к машине. Плакала Умани, она не знала, что с матерью, сестрами.

Я успокоил ее, и мы пошли опять искать укрытие, найдя новый окоп, спрятались в него. Там оказалась лопата, я потом взял ее с собой; нашел куст шиповника, и поели ягод, но много есть их нельзя было; хотелось воды, а ее у нас не было. Эту ночь мы провели в этом окопе, на утро я обломил ветку с куста для маскировки, и пошел искать другое место, потому что с утра опять начался обстрел, и находиться в этом окопе было опасно. Невдалеке была яма от взрыва, отдохнув в ней и, осмотревшись, пополз дальше. Найдя канаву, из которой был хороший обзор, я вернулся за своими товарищами, и уже вместе с ними пополз к этой канаве. Вторую ночь мы провели в этой канаве. Ночью пошел дождь, а там, в канаве оказалась водосточная труба, не знаю, откуда, но в эту трубу хлынула вода, и мы все промокли до нитки. Всю ночь промерзли, а утром не могли подняться, так нас трясло от холода, что ноги не держали.

Появились самолеты, и стали обстреливать какую-то вышку, примерно через полчаса они улетели, а мы снова искать место для ночлега. Так прошло еще двое суток. Я сказал Умани, что посплю немного, и лег отдохнуть. Почти сразу же заснул, но спустя некоторое время очнулся, будто меня подбросило. Я вскочил на ноги, оглянулся и увидел внизу на дороге женщин, стал им кричать. Одна женщина меня услышала, начала оглядываться, искать меня, но не увидела, слишком высоко я был. Они ушли, а я сказал своим: «Давайте пойдем за ними». Мы начали спускаться с холма, но пока спустились, уже стемнело. Побоявшись идти в село, так как по дороге ездила бронетехника, и не зная, есть ли в селе русские, мы нашли одну канаву и решили переночевать в ней. Как только наступило утро (оказалось 3 ноября 1999 года), мы вышли из своего укрытия и поплелись к селу, решили, что все равно как умирать. Сестренка совсем не в силах была идти, и просилась на руки, но у меня тоже не было сил, не то, что ее нести, но и самому идти. Так мы добирались до села. Увидели на улице парня и стали ему кричать. Он подбежал к нам, и очень сожалел, что нет камеры, чтобы нас заснять. В это время подошла еще женщина, она также поняла, кто мы такие. В это время моя сестренка увидела лужу, кинулась к ней и стала из нее пить. Мы с трудом оторвали ее от лужи. Женщины забрали нас домой, почистили, растерли спиртом руки и ноги и дали выпить спирт. Потом накормили, правда, есть мы не могли – рвало. Нас отвезли в больницу села Толстой-Юрт.

Рассказывает Асланбек Далаев
(28 августа 1958 года рождения)

Действительно, моя семья (семь человек, и еще была мать моей жены – всего восемь) попала под обстрел 29 октября 1999 года, когда в колонне беженцев мы ехали из Аргуна в станицу Калиновскую. Перед этим по радио и по телевидению объявляли, что 29 октября 1999 года будет дан коридор, для желающих выехать из зон боевых действий, вот мы, и поехали, поверили российскому правительству.

Обстрел велся из дальнобойных орудий. Мы выпрыгнули из машины, в которой ехало четыре семьи, и побежали в поле, легли на землю – укрыться там было негде.

Обстрел шел постоянно. Я видел, как в машину-«девятку» попал снаряд. В ней убило двух женщин, мужчину. Кричала Эмиева, она была ранена. К ней на помощь пошел ее отец, и его ранило в сердце. Он скончался там же, в поле. Мы все были в шоке, и я мало, что помню.

Потом подъехала машина с ребятами, они крикнули нам, чтоб мы бежали к ним. Мы же им кричали и махали руками, – уезжайте, мол, вас тоже подобьют. Они не уехали, попрыгали с машины и начали собирать раненых и убитых. Все мои дети разбежались, я никого из них не мог найти. Теща была ранена, жена тоже ранена. Эти ребята, да благословит их Аллах, подобрали всех раненых, кто не был ранен сами сели в машину. Они еще подобрали трупы, какие успели собрать и привезли нас в больницу села Толстой-Юрт. Там оказали помощь раненым, а кому невозможно было помочь там, повезли в Знаменское и Моздок. Из моих детей к нам присоединился второй сын, Усман, остальные четверо пробыли в поле пять суток, потом их привезли люди из Горячеводска. Они сами пришли в село на шестой день.

Рассказывает Халимат Далаева, 7 лет
(26 июня 1992 года рождения)

Вопрос: Скажи, как тебя зовут?
Ответ: Халимат.
В: А, сколько тебе лет?
О: Семь.
В: Ты в школу ходишь?
О: Да, во второй класс.
В: Расскажи, что ты помнишь, о том дне, когда вас обстреляли.
О: Я помню, что я была в ямах.
В: А почему в ямах?
О: В нас стреляли из орудий, и я убежала.
В: Кто с тобой был, и почему вы бежали?
О: (плачет, не отвечает)
В: Кушать у вас с собой было что-нибудь?
О: Нет, не было.
В: А вода была?
О: Воды тоже не было.
В: Ты пить хотела?
О: Да, очень! По дороге я нашла бутылку, а Умани ей отбила горлышко, и когда был дождь, мы набрали в нее дождевой воды, и все понемногу выпили ее.
В: А скажи, что ты говорила в поле, когда была голодная?
О: Что я бы съела 10 лепешек и выпила бы 10 чашек чая.
В: А ты съела, как говорила?

О: Нет, не смогла (опять расплакалась).

В: А кто тебе помог?

О: Помогли мне женщины.

В: Как они тебе помогли?

О: Помыли мне руки, ноги, растерли спиртом и даже напоили им, дали одежду, накормили.

В: Ты поела чего-нибудь?

О: Я не смогла, меня вырвало. Потом нас отвезли в больницу. Там меня послушали, дали мне лекарства, сделали укол.

В: Ноги у тебя болели?

О: Да, и сейчас болят.

Рассказывает Усман Далаев, 15 лет
(26 января 1984 года рождения)

В: Во что вы были одеты, на вас была теплая одежда?

О: На нас была не очень теплая одежда, мы сидели, закутавшись в одеяла, а наша обувь стояла в стороне. Мы разулись, потому что садились на вещи, которые везли с собой, и когда мы соскочили с машины, мы были без обуви.

В: Так вы несколько дней в поле были еще и разутые?

О: Да, мы все, кроме Адашки, то есть Адама, были разутые, но и у него вся обувь на ногах расползлась. Поэтому можно сказать, мы все были без обуви.

В: Хоть носки у вас были на ногах?

О: Да, носки теплые у нас были, только Умар-Али потерял один носок, и был совсем разут. Одеты тоже были по-разному, кто в куртке, кто в свитере, кто в костюме.

В: Вы брали с собой что-нибудь из имущества?

О: Да, мы брали и одежду, и некоторые ценные вещи из хозяйства. Все это пропало в тот день, мы ничего не нашли.

Рассказывает Магомед Далаев, 11 лет
(13 марта 1988 года рождения)

В: Расскажи, что ты помнишь о том дне, 29 октября? Что ты видел?

О: По нашей колонне ударили из дальнобойных орудий.

В: А что за колонна у вас была, и где вы были?

О: Это была колонна беженцев, а находились мы недалеко от села Толстой-Юрт (Докар-Эвл). По нам ударили, и погибло много людей.

В: Ты сам видел убитых и раненых?

О: Да, видел. Трупов и раненых было много. Они выглядели по-разному: кто без рук, кто без ног, кто и без головы.

В: На какой машине ехали вы? И какие еще там были машины?

О: Мы ехали на «Газике». Были машины «Жигули», «Волга», «Газели», еще «Газики». Разбитых машин было много, сколько точно, я не знаю, я не считал, не до того было.

В: А было так, чтобы машины горели?

О: Да, было. И люди тоже в этой машине были.

В: Что сделал ты, когда все это случилось?

О: Я побежал наверх, прятаться, со мной были мои братья, сестра, еще девушка Умани и еще мальчик Адам.

В: Долго вы были в поле, помнишь?

О: Да, мы провели там пять ночей, на шестой день мы пришли к Горячеводску.

В: Вы видели это село раньше? Почему вы не пришли туда сразу?

О: Мы боялись, потому что все время стреляли, а потом мы думали, что там посты, и что в селе русские.

В: А почему вы боялись русских?

О: Ну, как почему? Ведь это же они стреляли по нам все время и из орудий, и из снайперских винтовок. Они же убили Малику Эмиеву, я сам это видел.

В: Когда вы пришли в село, что было?

О: Нас почистили, накормили, одели, отвезли в больницу. Мы были очень грязные, раздетые, голодные, на ногах почти ничего не было, потому что мы еще в машине разулись и наша обувь осталась там, в машине.

В: Вы что-нибудь ели в эти дни, что вы пили?

О: За все время мы ели шиповник, и один раз, когда прошел дождь, мы пили дождевую воду.

Рассказывает Умар-Али Далаев, 10 лет
(26 декабря 1989 года рождения)

В: Где ты был 29 октября, ты помнишь этот день?

О: Да, помню хорошо! Я был в колонне беженцев, мы хотели уехать в станицу Калиновскую. Но нас обстреляли на Петропавловском шоссе. Когда начался обстрел колонны, в нашу машину угодил снаряд. Я спрыгнул с нее, и, схватив за руку мою сестренку, побежал на холм. Там же со мной оказались и мои братья: Умар, Усман, Магомед, а еще Умани, и Адашка, ой, Адам. Мы спрятались в большой яме, но потом поняли, что и это опасно. Мы побежали дальше, повыше. Нашли другую яму и спрятались туда. Там мы провели эту ночь. Утром Умар пошел искать другое убежище, потому что опять стреляли, совсем недалеко от нас. Он нашел один окоп и увел нас туда. В поле мы провели пять суток.

В: Что же вы ели там, ведь у вас с собой не было еды?

О: Все, что мы поели, это был шиповник, его там было много, но ничего другого не было. От него болели желудки и хотелось пить.

В: Как ты был одет?

О: На мне была куртка, а на ногах один носок шерстяной, а другой я потерял, когда бежал наверх, в первый же день. Было очень холодно. Один день с вечера пошел дождь, и мы промокли до ниток, и замерзли. Это было на второй день.

В: А вот последняя ночь была какая?

О: Очень холодная, мы очень замерзли.

В: Как к вам отнеслись люди в селе, куда вы пришли после всех ваших скитаний?

О: Приняли очень хорошо. Они нас почистили, одели, дали нам поесть, прежде чем отправить в больницу. Спасибо им всем!

Показания записаны 6-7 июня 2000 года сотрудником "Мемориала" в городе Аргун.

Заключение

Телевизионный комментатор Михаил Леонтьев 22 октября 1999 года по Общественному Российскому Телевидению (ОРТ), заявил, что удар тактическими ракетами по центру Грозного на самом деле совсем не варварская акция, как ее воспринял весь мир. И вообще, по его мнению, вести из Чечни о бомбежках и гибели мирного населения это как раз самые РАДОСТНЫЕ вести, ибо в этом случае, по словам Леонтьева, «чеченцы сами принесут голову Басаева и Масхадова и скажут: что нам еще сделать, чтобы бомбежки прекратились?».

Да, возможно для Леонтьева, Путина, Патрушева, Иванова, Шаманова и прочих нелюдей вести о бомбежках и гибели мирного населения – самые радостные, но разделяет ли мировое сообщество их неуемную радость? – Похоже, что да, если судить по их гробовому молчанию...

Возможно кто–то обвинит меня, что я сгущаю краски? – Вовсе нет, я всего лишь попытался собрать воедино разрозненный фактический материал о чудовищных преступлениях политического и военного руководства России. А мой вывод по поводу молчания и круговой поруки ведущих стран мирового сообщества общеизвестен, и мои слова подтверждают кровоточащие стихи Аллы Дудаевой – вдовы первого чеченского президента:

Голубые дали, синие леса,
Дальняя дорога – прямо в небеса.
Кровью снег струится, ближе – все видней,
Но не вы бредете по колено в ней.

Но не в вашей крыше черная дыра,
И не ваши дети умерли вчера,
И не ваших братьев в 18 лет
Бронетранспортеры волокли вослед

Вдоль по всем дорогам в кровяных следах.
Не дошел до нормы геноцид в горах...
Столько слез и крови на земле моей.
Совесть всей Европы, искупайся в ней!

PS:
Письмо офиса «Мемориал» в Назрани в редакцию сайта «Кавказский Вестник»

Сотрудники офиса «Мемориал» в Назрани хотели бы узнать, как к вам попал материал по бомбежке 29 октября. Этот материал собирался нашими сотрудниками как свидетельские показания для обращения в суд и на нашем сайте не вывешивался.

Очень сожалеем, что Вы до сих пор не в курсе, что Дело по бомбежке 29 октября – это одно из 6 дел, уже рассматриваемых в Страсбургском суде. И именно исходя из этого, мы не публикуем опросы свидетелей, переживая за их безопасность, а также избегая возможного давления на них (тогда под угрозой может оказаться весь судебный процесс). Наша цель – это доказать в международном суде военные преступления, совершаемые в Чечне, максимально обезопасив при этом наших заявителей и свидетелей. Ваши же цели нам не совсем ясны.

Правозащитный Центр «Мемориал» 21.06.03

Ответы Майрбека Тарамова Назрановскому отделению ПЦ «Мемориал»

Указанные материалы мне переданы для публикации еще осенью 2000 года. Оказывается, в отличие от вас, нашелся сотрудник «Мемориала», который посчитал нужным срочное предание гласности тягчайших преступлений военного и политического руководства России в Чечне. Эти материалы были немедленно опубликованы в шести номерах газеты «Кавказский Вестник» в период с 11 декабря 2000 года по 15 марта 2001 года, а позже трижды(!) публиковались в одноименном интернет-издании www.Kvestnik.org. Есть также отдельные свидетельские показания пострадавших и не только на нашем сайте.

Весьма сожалею, что Правозащитный Центр «Мемориал» не соизволил до сих пор (а ныне уже 2004 год) вывесить указанные материалы на своем сайте. (Позже выяснилось, что эти материалы были попросту удалены с сайта «Мемориал» – ред.). Значит, молчание по поводу мирового злодеяния кому-то очень выгодно. Интересно, сколько еще времени вам необходимо для обдумывания, или какое еще масштабное злодеяние должно свершиться, чтобы эти материалы были вывешены на сайте «Мемориала» и маховик суда закрутился?

...А моя цель, как и цель любого порядочного человека – говорить и писать обо всех преступлениях российских политиков и военных, что я и делаю. Это столь очевидно, что этим занимаются чеченские, российские и зарубежные журналисты и правозащитники. Замалчивание же подобных преступлений мне представляется таким же злом, под какими бы благими призывами это не преподносилось.

Исходя из вашей оригинальной логики, о преступлениях России в Чечне следует молчать, опасаясь за жизни свидетелей и пострадавших. Не так ли? На самом же деле в большинстве случаев так и происходит: чеченцев убивают, истязают, но даже родственники предпочитают молчать из-за боязни мести российских военных и их марионеток. Странно, что вы не только придерживаетесь, но и пропагандируете такую точку зрения. В таком случае, как много раз об этом говорилось, молчание потворствует совершаемым преступлениям, что и нужно преступникам в погонах и без.

...Продолжайте в том же духе! Вместо того чтобы завалить европейские суды чеченскими делами – их там ныне не более 100, вместо 200 000, и всего лишь 6 дел на стадии рассмотрения. К тому же, никто не оказывает давления на Международный Суд в Страсбурге и не спросит за его затягивание, хотя исполняется уже 3 года, как эти чудовищные по своему содержанию и масштабам дела запущены в производство, в то время как дела второстепенной важности и поданные всего лишь полгода назад, Европейский Суд уже рассмотрел и вынес свои решения.

К вашему сведению, многие свидетели и потерпевшие, подавшие иски в Европейский Суд, уже находятся за пределами России и им выдан статус беженцев, что и следовало бы делать остальным. И этим должен заниматься в том числе ПЦ «Мемориал», не говоря уже о правительственных и неправительственных беженских организациях. Не следует ждать «от моря погоды», иначе крутая российская «погода» действительно никого из чеченцев не оставит в живых, не говоря уже о свидетелях и пострадавших.

Майрбек Тарамов, 21 июня 2003

**Дизайн обложки – картина чеченского художника
Замира Юшаева «Без ветра»
Артдиректор Olanga J.
Редактор Ellis Peterson
Верстальщики Donny Collier, Elena Maglevannaya**

Фотокопирайт принадлежит газете и сайту
«Кавказский Вестник» www.kvestnik.org

Тираж 80 000

www.ingramcontent.com/pod-product-compliance
Lightning Source LLC
LaVergne TN
LVHW051130080426
835510LV00018B/2323